Bernd Krewer

Mit Büchse und Schweißriemen

Bernd Krewer

Mit Büchse und Schweißriemen

BLV Verlagsgesellschaft
München Wien Zürich

CIP-Kurztitelaufnahme der Deutschen Bibliothek

Krewer, Bernd:
Mit Büchse und Schweissriemen / Bernd Krewer. –
München; Wien; Zürich: BLV Verlagsgesell-
schaft, 1985. –
ISBN 3-405-13138-3

Das Foto auf Seite 2 stammt vom Verfasser

Satz und Druck: Druckerei Sommer, Feuchtwangen
Bindung: Conzella, Urban Meister, München
Printed in Germany · ISBN 3-405-13138-3

Inhaltsverzeichnis

An alle Jäger, die jemals die Büchse auf Schalenwild führen ...

Der Leser des vorliegenden Buches hat Gelegenheit, den Autor »Mit Büchse und Schweißriemen« auf einer ganzen Reihe von Nachsuchen zu begleiten, sowie auch bei jagdlichen Erlebnissen, deren letzter Akt nicht vom langen Riemen bestimmt war. Einige der geschilderten Erlebnisse sind dem Leser der »Pirsch« schon bekannt; ich hoffe, daß sie und die anderen den Leser faszinieren, wie sie mich bei der Lektüre der »Pirsch« und des vorliegenden Buches gepackt haben.

Worin liegt die besondere Faszination, die von der Beschreibung einer Nachsuche ausgeht? Eine Nachsuche ist das ganz eigenartige Kräftemessen zwischen zwei Lebewesen, nämlich zwischen dem verfolgten Wild und dem verfolgenden Hund, bei dem die Chancengleichheit nicht durch die selbstauferlegte Disziplin des einen einigermaßen gewahrt ist – wie bei der Jagd heutzutage im allgemeinen –; vielmehr liegen die ursprünglichen Kräfte in einem natürlichen Wettstreit, dessen Ausgang immer ungewiß ist. In dieses Geschehen ist der Mensch als Hundeführer integriert, wobei er eine ganz und gar andere Rolle spielt als der Jäger sonst. Normalerweise geht das Trachten des Jägers auf das Erlegen der Beute, es herrscht eine Polarität zwischen dem Jäger und dem als Beute ausersehenen Wildtier. Hingegen ist die Gefühlslage des Schweißhundführers oftmals ambivalent: Vordergründig geht sein Bestreben dahin, das verfolgte Wildtier mit Hilfe des Hundes zu erlegen, sein Sinnen ist jedoch nicht »selbstsüchtig« auf die »Beute« gerichtet, sondern einerseits ist er Helfer des unglücklichen Schützen, andererseits auch Komplize des verfolgten Wildes.

Die Bereitschaft, dem Jäger zu helfen, ist bisweilen gepaart mit dem Zorn über bessen unverantwortliches Handeln, was wiederum den Schweißhundführer insofern auf die Seite des verfolgten Wildes schlägt, als er mit aller Macht dessen Leiden zu verkürzen sucht. Der wirtschaftliche Faktor tritt dabei völlig in den Hintergrund. Diese Mischung der Gefühle zwingt den Schweißhundführer vorwärts und läßt den Erfolg oder auch den

Mißerfolg oft zu stärkeren Erlebnissen werden als für den Schützen selbst. Dieser hat oftmals nur den Anstoß zur Nachsuche gegeben und gilt als Erleger, während der Hundeführer das Wild letztendlich und wirklich zur Strecke gebracht hat.

Einer dieser leidenschaftlichen Schweißhundführer ist der Autor, den ich persönlich kenne und schätze. Sein Buch gehört in die Reihe der Bücher von Frieß, Frevert, Bergien, Jan Báča und Lux, die sich schon früher dieses Themas auf ihre Weise angenommen haben. Nach der Lektüre des vorliegenden Buches hat man Bekanntschaft geschlossen mit dem Jäger Krewer und »seinem Revier«, dem Kondelwald, mit dem Schweißhundführer Krewer und seinen Hunden und dem Menschen Krewer, der nicht alles als schicksalsgegeben oder amtlich unabänderbar bestimmt hinnimmt, sondern auch einmal deutlich sagt, was ihm nicht paßt.

Haben Krewers »Nachsuchenauslesen« in der »Pirsch« schon viele Bewunderer gefunden, das Buch wird ihm neue hinzugewinnen. Es wendet sich an den werdenden und den erfahrenen Schweißhundführer und an den Jäger, der spannend unterhalten sein will, und insbesondere an alle Jäger, die jemals die Büchse auf Schalenwild führen; denn die Schilderungen einzelner Arbeiten sind eindringliche Plädoyers für die Unabdingbarkeit gerechter Nachsuche. Die trefflichen Bemerkungen zum Verhalten »vor und nach dem Schuß« kann man sich gar nicht genug zu Herzen nehmen.

Ich weiß, daß es Persönlichkeiten gibt, die von Berichten über die Arbeit am langen Riemen nichts halten, weil sie befürchten, die Öffentlichkeit könnte durch sie aufmerksam werden auf eine Unvollkommenheit der Jäger; ich dagegen begrüße sie, wenn sie aus der Feder von Fachleuten stammen, beweisen sie doch den Willen und häufig auch das Vermögen der Jägerei, Scharten eigener Unvollkommenheit selbst wieder auszuwetzen. Auch in diesem Sinne ist das vorliegende Buch eine einzige positive Aussage.

Heinrich Uhde
Präsident des Jagdgebrauchshundverbandes

Zur Einleitung

Im Jahre 1963 holte ich mir meinen ersten Schweißhund als kleinen, acht Wochen alten Welpen bei seinem Züchter, Oberförster Werner Dedecke, in Hatzfeld ab. Über 20 Jahre sind seitdem vergangen, über 700 Nachsuchen auf Hochwild habe ich in dieser Zeit mit meinen Hannoverschen Schweißhunden durchgeführt.

Das Ergebnis dieser Tätigkeit ist ein gewisses Maß an Erfahrung sowie auch ein häufiger, nicht immer positiver Einblick hinter die Kulissen mancher Reviere und der dort tätigen Jäger.

Zucht und Führung des Hannoverschen Schweißhundes waren und sind für mich mehr als nur ein Hobby; sie sind ein Teil meiner selbst geworden. Ich möchte mir wünschen, daß die Lektüre dieses Buches viele Jäger dazu anregen möge, der gerechten Nachsuche den Platz in der Ausübung des Waidwerkes zukommen zu lassen, der ihm gebührt.

Seit vielen Jahren erscheinen in der »Pirsch« meine »Nachsuchen-Auslesen«. Ein Teil der in diesem Buch geschilderten Nachsucheneinsätze sind daraus übernommen.

Dieses Buch soll aber kein reines Nachsuchen-Buch werden. Ich möchte es ein wenig auflockern durch die Schilderung des Jagdbetriebes einer staatlichen Verwaltungsjagd in einem Forstamt an der Mosel, wo ich eines von drei Revieren seit zehn Jahren forstlich und jagdlich betreue.

Ich möchte dieses Buch all meinen Vorgesetzten widmen, die für meine Tätigkeit als Schweißhundführer immer sehr viel Verständnis hatten und mir in jeder Hinsicht Unterstützung zuteil werden ließen.

Zur Feistzeit 1985 Bernd Krewer

Meine Hunde

Als ich am 1. Oktober 1958 an der Tür des Forsthauses Allenbach-Nord klingelte – als zweite Station meiner forstlichen Lehrzeit –, kam mir bellend ein wenige Monate alter Hannoverscher Schweißhundwelpe entgegen.

Irgendwie wurde diese erste Begegnung schicksalhaft für mein weiteres Jägerleben, das über weite Strecken von der Begleitung eines Hannoverschen Schweißhundes geprägt wurde.

Ich habe mich immer bemüht, keinen »Rassefanatismus« aufkommen zu lassen. Die Leistungen anderer Hunderassen auf ihren Spezialgebieten, aber auch auf der schwierigen Hochwild-Wundfährte habe ich immer voll Respekt anerkannt. Ich denke da ganz besonders an eine Deutsch-Langhaar-Hündin, die an der Mosel und im Hochwald auf schwierigen Schwarz- und Rotwildwundfährten nicht zu schlagen war. Mit dieser Hündin hätte man getrost die Konkurrenz der Schweißspezialisten auf Internationalen Schweißhundverbandsprüfungen suchen können.

Ich habe mich auch schon oft gefragt, warum ich ausgerechnet dem Hannoverschen Schweißhund verfallen bin. Es kommen da sicher mehrere Gründe zusammen; das Wesen dieser Hunde, ihre Bierruhe am Riemen auf der schwierigen, kalten Wundfährte, ihre Schärfe und ihr »Stehvermögen« bei der Hetze. Ich denke heute noch voller Begeisterung an einige Nachsuchen, die ich als »Sekundant« hinter erfahrenen Schweißhundführern erleben durfte.

So versuchte ich, so rasch wie möglich aus dem Traum Wirklichkeit werden zu lassen.

Im Frühjahr 1963 erwarb ich über die Vermittlung des damaligen »Hirschmann«-Zuchtwartes Konrad Andreas den dunkel gestromten Hannoverschen Schweißhundwelpen »Fürst-Marthenberg« 1433. Eigentlich war die Anschaffung eines Schweißhundes zum damaligen Zeitpunkt für mich ein großes Risiko; ich war noch in der Ausbildung, und es war durchaus nicht sicher, ob ich nicht eines schönen Tages mit dem Schweißhund in ein Karnickelrevier versetzt werden würde. Andererseits hoffte ich natürlich insgeheim, daß die Verwaltung die Tatsache, daß ich einen Schweißhund hatte, durch Versetzung bzw. Belassung in Hochwildrevieren honorieren würde.

Nun, diese Wünsche gingen für mich nur teilweise in Erfüllung. Jedenfalls hinderte der Schweißhund die Verwaltung nicht daran, mich – wenn auch nur für ein Jahr – in den Innendienst zu verbannen.

Trotz alledem – »Fürst-Marthenberg«, genannt »Pascha«, wurde ein hervorragender Schweißhund, dessen Leistungen bei Riemenarbeit und Hetze gleichermaßen überdurchschnittlich waren. Leider konnte dieser Rüde nicht zur Zucht verwendet werden. Er hatte eine einseitige, hochgradige Hüftgelenkdysplasie und mußte deshalb zuchtgesperrt werden.

Dieses Leiden beeinträchtigte seinen harten, täglichen Einsatz auf der Wundfährte wenig. Er krönte seine Laufbahn im Winter 1971 mit einem 1. Preis auf einer Hauptprüfung des Vereins Hirschmann im Hunsrück.

Auf Anraten der Tierärzte der Veterinärmedizinischen Institute der Universität Gießen, die 1966 die Hüftgelenkdysplasie meines Rüden röntgenologisch festgestellt hatten, suchte ich nach einer Entlastung für den Rüden bei den Hetzen. So kam im Winter 1967 die hirschrote Hannoversche Schweißhündin »Birke vom Buchenfürst« 1487 als acht Wochen alter Welpe zu uns. »Birke«, genannt »Dina«, war eine recht zierliche und knochenfeine Hannoveranerin, fast an der Grenze zum Bayerischen Gebirgsschweißhund. Leider wurde »Dina« nur vier Jahre alt, dann kam sie eines Tages bei einer Hetze an gesunden Sauen im eigenen Revier nicht mehr zurück. Wie ich später erfuhr, wurde sie von einem »Jäger« im angrenzenden Nachbarrevier erschossen. Ein Racheakt als Quittung für eine Anzeige, die ich Monate zuvor diesem Herrn für die Erlegung einer führenden Bache in der Schonzeit hatte zukommen lassen.

Als Ersatz für »Dina« kam im Herbst 1971 die ebenfalls hirschrote »Balda vom Eisernen Tor« 1533, eine in Eisenstadt im österreichischen Burgenland gezüchtete Hannoveranerin, zu uns in den Hunsrück. »Balda« war ein knappes halbes Jahr alt, als der damals neunjährige »Pascha« bei einer Nachsuche von einem Jagdscheininhaber als »wildernder Schäferhund« erschossen wurde. So wurde es nichts mit einer unbeschwerten Jugend; »Balda« mußte früh »ran« und brachte auch bereits im ersten Behang Leistungen, die begeisterten.

Leider wurde auch diese Hündin nicht alt, im vierten Behang – wenige Wochen nach ihrem zweiten Wurf – bekam sie eklampsie-ähnliche Krämpfe und ging schließlich in der Universitätsklinik Gießen ein. Die Autopsie ergab als Todesursache einen Tumor im Gehirn.

Einen Welpen aus Baldas letztem Wurf hatte ich gottlob behalten, die dunkel hirschrote »Dolde vom Lützelsoon« 1627. Meine Familie mochte sich nicht mit dem eingetragenem Namen anfreunden, und so wurde sie »Gilka« gerufen.

Gilka war sechs Jahre mein täglicher Begleiter und hat sich hier an der Mosel, wohin ich inzwischen versetzt wurde, bei vielen Nachsuchen auf Sauen und Rotwild einen guten Namen gemacht. Im Herbst 1978 warf Gilka acht Welpen. Um nicht »im Falle eines Falles« nochmals von Null anfangen zu müssen, behielt ich mir aus diesem Wurf eine sehr dunkel gestromte Hündin, die »Elfi vom Lützelsoon« 1686. Auch diese Hündin wurde »umgetauft«; der Name in der Ahnentafel paßte so gar nicht zu dem ausgesprochen rabaukenhaften Wesen dieser eher zierlichen Hündin; ihr Rufname »Cosi« allerdings auch nicht!

Der »Fall« trat dann im Herbst 1981 ein. Der Fangschuß auf einem mich annehmenden Keiler traf diesen und zugleich »Gilka«, die sich unmittelbar hinter der Sau befand. Sie war auf der Stelle tot. Gilka war schon für die Teilnahme an der Internationalen Schweißhundverbandssuche 1981 in Irdning/Steiermark gemeldet, als das Unglück passierte.

Ich hatte zunächst große Bedenken, ob »Cosi« ihre Mutter bald würde ersetzen können. Sie war ja bis dahin wenig gefordert worden. Wenn es schwierig wurde, mußte doch immer die ältere und erfahrenere Mutter ins Geschirr.
Schon früh zeigte Cosi allerdings enorme Hetzpassion und Wildschärfe und war darin schon bald ihrer Mutter überlegen. Gilka wiederum war in der Riemenarbeit kaum zu übertreffen, ihre Ruhe und Konzentrationsfähigkeit waren einsame Spitze. So ergänzten sich beide Hunde prächtig.
Bei der Riemenarbeit auf sehr alter, womöglich verregneter Wundfährte hat Cosi auch heute noch nicht die Ruhe und Sicherheit ihrer Mutter; aber ich habe noch die Hoffnung, daß sie sich mit zunehmendem Alter und steigender Erfahrung diese Eigenschaften noch aneignen wird.
Cosi warf im Frühjahr 1982 einen sehr schönen und ausgeglichenen Wurf von neun Welpen. Ich behielt mir einen hirschrot gestromten Rüden. »Gero« hat sich zu einem schönen, mittelschweren Rüden ausgewachsen; er zeigt gute Anlagen und macht uns allen in der Familie durch sein angenehmes Wesen viel Freude.
Vielleicht schließt sich mit diesem Rüden der Kreis meiner Schweißhunde; wenigstens soweit sie im harten täglichen Einsatz standen. Wenn er das »normale« Alter erreicht, werde ich wohl kaum noch im gleichen Ausmaß wie in den vergangenen 20 Jahren neben dem harten beruflichen Einsatz in einem Forstrevier mit fast alpinen Steilhängen ein so großes Nachsuchengebiet »betreuen« können.
Mein erster Schweißhund war ein gestromter Rüde, mein letzter ist es auch. Farben sind Äußerlichkeiten, die kaum etwas mit der Qualität zu tun haben. Aber ich hatte immer eine Schwäche für die gestromten Hannoverschen Schweißhunde – ein jeder Mensch hat seinen Vogel –, und so wird man mir sicher diesen kleinen Spleen nachsehen.
Mit allen meinen Hunden habe ich jagdliche Sternstunden erlebt, die sich tiefer ins Gedächtnis eingegraben haben als die manchmal gewiß aufregende Erlegung des einen oder anderen Hirsches oder Rehbockes. Die schönsten Stunden meines Jäger-

lebens waren diejenigen, die ich zusammen mit meinen Hunden an dem nach Riemenarbeit und Hetze zur Strecke gebrachten Wild verbringen durfte.
Wie arm sind doch jene Jäger, die ohne Hund jagen zu können glauben, wieviele Erlebnisse müssen ihnen entgehen, weil sie mehr blind als sehend durch ihre Reviere pirschen.
Gemeinsame Begeisterung zu einer Sache verbindet – und so verdanke ich dem Schweißhund einige herzliche Freundschaften zu Gleichgesinnten, die ich immer als große Bereicherung empfunden habe. Der häufige Gedankenaustausch mit anderen Schweißhundführern trägt ganz wesentlich zur Vertiefung des Wissens um den ganzen Komplex der Nachsuche auf krankes Wild bei, er bestätigt eigene Erfahrungen und weitet das Können, was letzlich wieder dem Wild und der gerechten Nachsuche zugute kommt.
Diese kurze Charakterisierung meiner Hunde wäre unvollständig, wenn ich nicht noch kurz auf meine kleine Jagdterrier-Hündin »Birke vom Römerhof« 28135 eingehen würde.
Als sich in meinem Nachsuchengebiet der Schwerpunkt der Nachsuchenarbeit vom Rotwild auf Schwarzwild verlagerte, glaubte ich dem Vorbild des Rüdemeisters Herbert Bansen in Güster/Lauenburg folgen zu sollen und die Hetzen auf Sauen zur Schonung der Schweißhunde dem Terrier zu überlassen. Leider klappte das nicht so, wie ich es mir vorgestellt hatte. Das lag nun nicht an dem Unvermögen der kleinen Terrierhündin, sondern einfach daran, daß sich sowohl »Balda« als auch »Gilka« und »Cosi« nicht mit dem Terrier verstehen. Es gab schon etliche Male blutige Auseinandersetzungen, und wir müssen zu Hause ständig aufpassen, daß die Hunde nicht zusammenkommen.
Dennoch haben Gilka und Birke bereits einige gemeinsame Hetzen auf Sauen durchgestanden, und das klappte eigentlich doch ganz gut. Hinterher muß man allerdings sofort die Hunde trennen und auch im Auto darauf achten, daß sie sich nicht zu nahe kommen.
Birke ist unersetzlich bei winterlichen Jagden auf Sauen und Rotwild, und ich erhalte manche Einladung in die Umgebung

überwiegend mit dem Hintergedanken, daß dann ein guter Stöberer zur Verfügung steht.
Keiner kann auf Dauer auf mehreren Hochzeiten tanzen, und so muß der Terrier bei mir ein unverdientes Schattendasein führen. Ein guter Führer hätte sicher aus Birke einen Spitzenhund seiner Rasse gemacht; sie hat Schärfe, herrlichen Spurlaut und bei allem Temperament ein angenehmes Wesen.
Bei der Beurteilung der Nase muß der Terrier naturgemäß gegenüber den Schweißhunden schlechter abschneiden, wobei ich nicht so vermessen bin, dies auf die Nasengüte zurückzuführen, sondern auf ihr temperamentbedingtes Unvermögen, sich ausreichend auf die *kalte* Fährte zu konzentrieren. Die Hetze ist ihr ureigenstes Element und da ist sie – oft zu meinem Leidwesen – unübertroffen.
Mit Ausnahme meines ersten (:l Fürst-Marthenberg 1433, genannt »Pascha«) und meines jetzigen Schweißhundes (Gero vom Lützelsoon 1803) waren alle meine Hunde weiblichen Geschlechts. Dies hat mehrere Gründe. Zum ersten bin ich keine Dompteur-Natur. Mit Pascha hatte ich oft meine liebe Not, ihn am gestreckten Stück wieder »in den Griff« zu bekommen. Eine heute noch gut erkennbare tiefe Narbe am rechten Handgelenk ist eine bleibende Erinnerung an eine Nachsuche, nach deren glücklichem Ende Pascha den Aufstand probte und ich große Mühe hatte, nicht zweiter Sieger zu bleiben. Hündinnen sind nach meiner Erfahrung durchwegs leichtführiger, und es gibt mit ihnen weniger Unterordnungsprobleme (was durchaus nichts mit Kadavergehorsam zu tun hat!). Der zweite Grund sind züchterische Ambitionen. Alle meine bisherigen Schweißhündinnen erfüllten die Bedingungen der scharfen Zuchtordnung des Vereins Hirschmann, und so fielen in meinem Zwinger »vom Lützelsoon« von 1969 bis 1982 sieben Würfe aus vier verschiedenen Hündinnen. Der Zwingername stammt noch aus meinem ersten Forstrevier, das teilweise im Lützelsoon, einem kleinen Gebirgsstock zwischen Hochwald und Soonwald im mittleren Hunsrück, lag.
Meine erste Hündin »Birke vom Buchenfürst« 1487 wurde im Sommer 1969 von »Duro von der Hirschkappe« 1428, einem

ebenso leistungsstarken wie rabiat scharfen Rüden, gedeckt. Nach dem Deckakt fuhr ich mit der Hündin froh und voller guter Hoffnung nach Hause. Am Mittag des gleichen Tages gelang es meinem »Fürst-Marthenberg«, der wegen seiner Hüftgelenksdysplasie zuchtgesperrt war, sich durch den Zwingerdraht hindurchzuarbeiten. Als ich die Bescherung bemerkte, war es bereits passiert. Nach 63 Tagen warf Birke sechs Welpen, von denen fünf dunkel gestromt und nur einer hirschrot war.

Dieser Fall gab mir Veranlassung, mich näher mit der Vererbung der Schweißhundfarben zu befassen. Die hirschrote Farbe ist beim Hannoverschen Schweißhund (ebenso wie beim gleichfarbigen Boxer) rezessiv – reinerbig. Hirschrot × hirschrot ergibt also immer nur hirschrot, auch dann, wenn die Eltern in Inzestzucht auf gestromte Ahnen gezüchtet wurden. Fällt in einem Wurf nur ein einziger gestromter Welpe, so muß ein Elternteil gestromt gewesen sein! So war bei diesem »A«-Wurf »vom Lützelsoon« die Vaterschaft eindeutig! Die Welpen wurden – da die Verbindung nicht genehmigt war – nicht in das Zuchtbuch eingetragen.

Die drei im Wurf liegenden Hündinnen wurden von mir getötet, um zu vermeiden, daß spätere Besitzer doch vielleicht illegal weiterzüchten würden. Von den drei Rüden wurden zwei im ersten Lebensjahr Opfer des Straßenverkehrs, der letzte Überlebende wurde nicht geführt und verbrachte seine Tage als Forstamtmanns-Revierbegleiter, ohne je im harten Einsatz gefordert worden zu sein.

Die Farben unserer Schweißhunde widerlegen aber auch noch eine andere These, die über den Hannoverschen Schweißhund zu lesen war. Da wurde die bisherige Lehrmeinung, der Hannoversche Schweißhund heutiger Prägung sei durch Einkreuzung der roten Heidebracke in den Leithund am Hannoverschen Jägerhof durch die Wildmeister Knoop entstanden, angezweifelt. Es wurde behauptet, die Heidebracke sei nur eine von vielen Rassen gewesen, die damals in den Leithund eingekreuzt worden seien. An dieser damaligen Einkreuzungswelle seien vor allem Vorstehhunde und sogar jagdfremde Rassen wie Doggen beteiligt gewesen.

Nun ist aber, wie gesagt, die hirschrote Farbe, die dem Schweißhund den Beinamen »roter Hund« einbrachte, immer rezessiv und reinerbig. Die alten Leithunde – das wissen wir aus vielen Beschreibungen und den Ridinger-Stichen aus der damaligen Zeit – waren sehr verschiedenfarbig; vom reinen Weiß über schwarzweiß gescheckt bis zum reinen Schwarz. Damit nun die hirschrote Farbe im Schweißhund als rassetypisch genetisch verankert werden konnte, mußte entweder ein sehr großer Blutanteil mit dieser hirschroten Erbmasse in den Leithund eingeflossen sein oder – wenn dies nicht der Fall war – muß mit den wenigen hirschroten Hunden, die aus *einer* solchen Leithund × Heidebracke-Verbindung hervorgingen, in scharfer Inzucht weitergezüchtet worden sein. Das Ergebnis ist bei beiden Möglichkeiten das gleiche.
Alle anderen denkbaren Farbkombinationen zwischen Leithunden und Vorstehhunderassen bzw. Doggen ergeben niemals Hirschrot. Eine ungewollte Verbindung eines Schweißhundrüden mit einer einfarbig braunen Deutsch-Langhaar-Hündin im Jahre 1964 ergab einen rein schwarzen Wurf!
Die Wildmeister Knoop wußten genau, wie sie es machen mußten, die phantastische Nase des gar nicht oder nur stumm hetzenden alten Leithundes für die veränderten Jagdverhältnisse (Verbesserung der Feuerwaffen) wieder nutzbar zu machen. Das ging nur über die Kreuzung mit einer locker spurlauten und wildscharfen Rasse, und dies war eben die vor den Toren von Hannover in der Heide damals noch vorhandene, heute ausgestorbene rote hannoversche Heidebracke. Die rote Farbe als solche war sicher kein entscheidendes Kriterium.
Mit den alten Leithunden war sicher kein CACIB zu gewinnen. Aber was müssen diese Hunde für traumhafte Nasen gehabt haben!
Die Verbreitung und erbmäßige Verankerung der roten Farbe erlaubt also Rückschlüsse auf die Ursprünge des Hannoverschen Schweißhundes heutiger Zucht!
Nach diesem kleinen Ausflug in die Rassegeschichte wieder zurück zu meinen Hunden und der Zucht in meinem »Lützelsoon«-Zwinger.

1971 sollte Birke abermals gedeckt werden, und zwar von dem in Österreich gezogenen, wunderschön dunkel-hirschroten :||| »Hirschmann vom Silberbrunn« 1491, der im Jahr zuvor die Hauptprüfung beim Verein Hirschmann abgelegt hatte. Die Fahrt vom Hunsrück in den östlichen Teil der Lüneburger Heide war weit, und so begleitete mich mein Schwiegervater. Mittags kamen wir nach fast 500 Kilometer langer Autofahrt an und wollten natürlich keine Zeit verlieren.

Nach der Begrüßung mit dem Führer von »Hirschmann« ging es erst einmal in die gute Stube. Dort lag auf dem Sofa malerisch ausgebreitet »Hirschmann«, dem 1964 in Graz das CACIB zuerkannt worden war. Davon war aber nichts mehr zu erkennen; er hatte sich in der Zwischenzeit so gemästet, daß er mehr die Ausmaße eines Zwergflußpferdes hatte als die eines Schweißhundes. Hirschmann wälzte sich von seiner Liege herunter und schlappte mit uns hinter das Haus. Er war auch zunächst von der heißen Hündin sehr angetan, aber die wollte zuerst nicht ganz so wie er. Froh, endlich dem Auto entronnen zu sein, drehte sie erst einmal einige Runden auf dem ausgedehnten Gelände. Hirschmann – infolge seiner enormen Körpermasse – entsprechend langsamer hinterher. Nach vielleicht einer knappen halben Stunde war Birke schließlich bereit, sich näher mit Hirschmann einzulassen, aber nun konnte der nicht mehr. Er legte sich hechelnd in den Schatten und war einem Herzinfarkt erheblich näher als einem sexuellen Lustgewinn. Der Führer, besorgt um das Wohl seines Schützlings, verschaffte ihm Linderung mit einer Blumengießkanne.

Bis zum frühen Abend versuchten wir immer wieder, Hirschmann zu irgendwelchen sexuellen Aktionen zu bewegen, aber vergebens.

So telefonierte ich mit dem Zuchtwart und bat um kurzfristige Zuweisung eines Ersatz-Deckrüden. Zuchtwart Bergien schickte uns dann zu dem in der Nähe stehenden Rüden :||| »Donner von der Hirschkappe« 1440. Dieser – wie Hirschmann – auch achtjährige Rüde war körperlich noch in bester Form, und so waren wir zunächst guten Mutes. Aber Donner entpuppte sich ebenfalls als Niete. Er fand die heiße Hündin ausgesprochen liebenswert, wußte aber sonst nichts mit ihr anzufangen. Obwohl Birke ihm etliche Male zeigte, wie er es machen sollte, war er zu keinen Taten zu bewegen.

Am nächsten Morgen hatte sich die Lage noch nicht geändert. Nun ist ja eine Hitze zeitlich begrenzt und dauert keine Ewigkeit. Ich hatte außerdem keine Lust, die Investitionen in diese bisher erfolglose Hochzeitsreise einfach in den Wind zu schreiben, nur weil offensichtlich niedersächsische Schweißhundrüden mit heißen Hündinnen nichts anzufangen wußten. Ein erneutes Telefongespräch mit Zuchtwart Bergien hatte dann zur Folge, daß wir – aller guten Dinge sind ja bekanntlich drei – ins Forstamt Springe nach Brünnighausen zu dem Rüden »Gero vom Hessenwald« 1463 des Oberförsters Brandes geschickt wurden. Nachmittags kamen wir dort an und fuhren mit den beiden Hunden ins Revier zu einer Jagdhütte. Gero, damals fünfjährig, war denn doch bedeutend aktiver als die beiden älteren Herren Hirschmann und Donner. Bereits nach wenigen Minuten kamen sich die beiden näher, und nach einer halben Stunde hatte alles wunschgemäß geklappt.

In diesem B-Wurf lagen wiederum sechs Welpen; vier Rüden und zwei Hündinnen. Von diesen sechs Welpen waren fünf hirschrot, nur einer war gestromt. Ein sicherer Beweis, daß die gestromte Farbe bei Gero nicht reinerbig, sondern spalterbig war. Gero stammte aus einer dunkel gestromten Mutter und einem rein hirschroten Vater. In seltenen Fällen ist auch die gestromte Farbe reinerbig, aber – im Gegensatz zu hirschrot – dann immer dominant. Solch ein reinerbig gestromter Rüde war beispielsweise der österreichische Importrüde »Baldo vom Kraßtal« 1342, der – mit hirschroten Hündinnen gepaart – immer nur gestromte Nachkommen hatte.

Wenige Tage, nachdem der letzte Welpe dieses Wurfes abgeholt worden war, verschwand Birke spurlos bei einer Hetze an gesunden Sauen im eigenen Revier. Ich hatte schon darüber berichtet ...

Nachdem keine Hoffnung mehr bestand, daß Birke wieder auftauchen würde, fuhr ich mit der ganzen Familie in den Harz, um eine der beiden dorthin gegangenen Hündinnen des B-Wurfes zurückzukaufen. Vergebens. Keiner der neuen Besitzer mochte sich mehr von den Junghunden trennen.

Da in Deutschland in diesem Jahr kein Wurf mehr zu erwarten war, nahm ich Verbindung zum österreichischen Schweißhundverein auf. Und ich hatte Dusel; bei der Esterhazischen Forstverwaltung in Eisenstadt/Burgenland lag noch ein spät gefallener Wurf. Die Zuchtwartin für die Bayerischen Gebirgsschweißhunde im ÖSHV, Frau Trude Rieß, suchte eine hirschrote Hündin für mich aus und brachte sie mir auch mit zur Internationalen Schweißhundverbandsprüfung nach Sieber im Harz. So kam »Balda vom Eisernen Tor« im Alter von knapp drei Monaten zu uns in den Hunsrück. Balda erfüllte früh die Zuchtvoraussetzungen, und so sollte sie 1973 erstmals gedeckt werden, und zwar von »Artus-Blaustein« 1468, einem Spitzenrüden aus dem Kottenforst bei Bonn. Aber auch daraus wurde nichts. Artus machte sich nichts aus der Hündin oder war verkehrt gepolt, wie auch immer, es ging den beiden wie den Königskindern im alten Volkslied.

So fuhr ich dann mit Genehmigung des Zuchtwartes in den hohen Westerwald zu Oberförster Bauschkes :|| »Agon vom Sinntal« 1492, einem ebenso schönen wie guten Rüden. Beide waren sich auf Anhieb sympatisch, und so klappte es denn auch sehr rasch.

Am 57. Tag nach dem Deckakt warf Balda dreizehn gestromte Welpen. Aber es waren richtige »Acht-Wochen-Kinder«, winzig klein und kaum lebensfähig. Sicher bestand auch hier ein ursächlicher Zusammenhang zwischen Wurfstärke und Wurfdatum. Von diesen dreizehn Welpen überlebten nur drei die ersten Tage. Es war ein richtiges Trauerspiel.

Allerdings gediehen die drei Überlebenden – übrigens alles Hündinnen – prächtig. Sie hatten Milch im Überfluß zur Verfügung und konnten gar nicht so viel abpumpen, wie ihnen angeboten wurde.

Aus diesem Wurf entstammte die später im Kottenforst in der Hand von Forstamtsrat Münzer bestens bewährte :|| »Citta vom Lützelsoon« 1573.

Eine Hündin aus diesem Wurf, die »Cosi« 1571, behielt ich zunächst selbst. Nach einem halben Jahr entschlossen wir uns dann aber, aus verschiedenen Gründen, die Hündin abzugeben. Sie kam in die Hände eines Berufsjägers im Ötztal/Tirol. Leider wurde auch sie Opfer ihres Berufes; 1976 stürzte sie bei der Hetze auf einen Gams aus einer Felswand ab.

Baldas zweiter Wurf im Jahre 1975 fiel nach »Iwan vom Hessenwald« 1495, einem prächtigen hirschroten Rüden, der sich bei einer Hauptprüfung im Sachsenwald durch eine scharfe und fährtelaute Hetze als Deckrüde bestens empfohlen hatte. Erstmals in meiner Zwingergeschichte klappte hier der erste Deckakt wunschgemäß. Vielleicht lag es daran, daß Iwan die Balda am Muttertag deckte . . .

Aus diesem Wurf von insgesamt sieben hirschroten Welpen (ein Rüde, sechs Hündinnen) blieben nur die Hündinnen am Leben. Eine Hündin behielt ich selbst – als wenn ich die weitere Entwicklung vorausgeahnt hätte. Die fünf verkauften Welpen waren abgeholt, und nur noch die kleine »Dolde« war bei ihrer Mutter im Zwinger. Beide kamen morgens aus der Hütte, als ich die übliche Morgenreinigung des Zwingers vornehmen wollte. Balda blieb mittem im Zwinger plötzlich stehen, schwankte und fiel um. Gleichzeitig versagte die gesamte Schließmuskulatur, sie ließ sozusagen »alles laufen«. Es war eine Ohnmacht ohne die für die Epilepsie so typischen Krämpfe mit Schaum vor dem Fang.

Der sofort herbeigerufene Tierarzt diagnostizierte eine Eklampsie, wie sie bei säugenden Hündinnen ja nicht selten vorkommt. Kalziumspritzen halfen ihr auch zunächst wieder auf die Läufe, aber diese Anfälle wiederholten sich in den folgenden Tagen mehrfach. So fuhr ich mit der Hündin in die Universitätsklinik nach Gießen, wo man mir zusagte, alles erdenkliche zu tun, um die Ursache dieser Anfälle zu ergründen und möglichst zu beseitigen. Wenige Tage später war Balda tot. Eine Obduktion ergab einen Tumor im Bereich des Kleinhirns. Wie man mir versicherte, eine Erkrankung, die für die Zucht bedeutungslos sei.

Ich war froh, mir die kleine Dolde behalten zu haben, aber wie auch immer, ich war wiederum auf dem Nullpunkt angelangt. Dolde entwickelte sich sehr gut, und so erhielt ich 1978 für diese

Hündin die Zuchterlaubnis. Der »Auserwählte« war :|| »Agon vom Reihertal« 1565, ein sympatischer, mittelgroßer, gestromter Rüde, der mir vor allem durch seine enorme Wildschärfe imponierte. Dies war der einzige Schwachpunkt bei meiner Dolde, sie war damals vor allem bei Sauen sehr zaghaft. So glaubte ich, dieses Minus bei der Hündin durch einen sehr scharfen Partner kompensieren zu können. Wie es scheint, ging diese Rechnung bei einigen – nicht allen – Hunden des E-Wurfes auf.

Dolde warf im Frühherbst 1978 neun Welpen (zwei Rüden und sieben Hündinnen). Ein Rüde ging ein, und so verblieben 1, 7 Welpen, davon die Hälfte gestromt, der Rest hirschrot. Ich behielt die dunkelste Hündin, die fast schwarz-gestromte »Elfi vom Lützelsoon« 1686. Die meisten Welpen gingen in die Hände erfahrener Führer wie z. B. Herbert Bansen in Güster und Otto Schmitt in Morbach. Sie haben sich ausnahmslos bewährt und die Hoffnungen erfüllt, die ich an die elterlichen Verbindungen geknüpft hatte.

Durch die Tatsache, daß die A- und B-Würfe meines Zwingers aus der »Birke vom Buchenfürst« 1487, die späteren Wurfe aus :|| »Balda vom Eisernen Tor« 1487, deren Tochter :||| »Dolde vom Lützelsoon« 1627 sowie der »Elfi vom Lützelsoon« 1686 entstammten, sind diese Hunde trotz gleichen Zwingernamens nicht näher miteinander verwandt als alle unsere Hannoverschen Schweißhunde heutiger Zucht es untereinander sind.

Dolde, genannt »Gilka«, brachte ihren zweiten Wurf im Sommer 1980 nach :|| »Agon vom Königsforst« 1637, einem wunderschön hirschroten Rüden mit viel Substanz und bemerkenswerten Leistungen.

Alle Hunde aus diesem Wurf sind hirschrot wie ihre Eltern, ein weiterer Beweis für die These, daß Hirschrot × Hirschrot immer nur Hirschrot ergeben kann, da diese Farbe reinerbig ist. Auch diese Hunde erfüllten im großen und ganzen meine Erwartungen, wenn es auch einen kleinen Dämpfer gab: der Rüde »Frank vom Lützelsoon« 1746 war Monorchide und fiel daher unter die Zuchtsperre!

Auch hier betrieb ich sofort nach Bekanntwerden dieses Tatbestandes »Ahnenforschung«. :|| »Agon vom Königsforst« 1637

hat :|| »Maud vom Hessenwald« 1622 zur Mutter, deren Wurfbruder »Matz vom Hessenwald« 1617 ist ebenfalls Monorchide!
Für die zierliche »Elfi vom Lützelsoon« 1686 wählten unser Zuchtwart und ich den eher schweren und an der Obergrenze des Hannoveraners stehenden :| »Birko vom Oberharz« 1647, einen dunkel hirschrot gestromten Rüden, locker fährtenlaut (auch als Ausgleich für die nur sichtlaute Elfi) und mit ausgesprochen liebenswürdigem und angenehmen Wesen.
Bei diesem Wurf, dessen beide Elternteile gestromt sind, fielen von neun Welpen sieben gestromte und zwei hirschrote! Auch wieder ein Beweis für die Dominanz der Stromung über die Farbe Hirschrot!
Der »Verein Hirschmann« und der »Österreichische Schweißhundverein« züchten ja seit langem bei scharfer Leistungs- und Formwertauslese in enger Familienzucht. Alle Hannoveraner heutiger Zucht sind so nahe miteinander verwandt, daß sich in den Ahnentafeln bereits meist schon in den ersten drei Generationen ein direkter Blutanschluß der väterlichen zur mütterlichen Seite findet. Eine solche enge Familienzucht (an der Grenze zur Inzucht) unterwirft die ganze Rasse einer fortwährenden Selektion. Diese Tatsache, verbunden mit den scharfen Zuchtbestimmungen beider Vereine, garantiert auf Dauer eine schroffe Leistungsauslese.
Wenn irgendwo die Devise: »Für die Zucht ist nur das Beste gerade gut genug« gilt, dann für die Schweißhundzucht in den beiden Schwestervereinen.
Ich habe mich immer bemüht, für meine Hündinnen einen in Leistung, Form und Wesen passenden oder ergänzenden Partner auszuwählen. Für die sehr zierliche und knochenfeine Birke, deren große Stärke ihre enorme Hetzpassion und Wildschärfe war, suchte ich im Gebäude eher schwere Rüden aus, die besonders ruhige Riemenarbeiter sein mußten.
Balda war im Gebäude gesunder Mittelschlag, ihre Leistung war so überdurchschnittlich, daß hier die Partnerwahl keine Probleme aufwarf. Hier suchte ich ohne Rücksicht auf Farbe, Größe oder Temperament nur Rüden aus der Leistungsspitze aus. Für Dolde mußte der Idealpartner lediglich über eine überdurch-

schnittliche Wildschärfe verfügen, alle anderen guten Eigenschaften brachte die Hündin selbst mit.
Für die zierliche und nur sichtlaute Elfi suchten wir Partner aus, die Substanz und Fährtenlaut mitbrachten.
Der Zuchtwart des Vereins Hirschmann, Karl Bergien, hat meine diesbezüglichen Wünsche stets akzeptiert. Dies war wichtig, da nach unserer Zuchtordnung der Zuchtwart die Wahl des Deckrüden absegnen muß.
Trotz aller sorgfältiger »Familienplanung« wurden längst nicht alle Hunde aus meinem Zwinger Spitzenhunde oder auch nur guter Durchschnitt. So wie sich bei solch aufgezwungener Inzucht die erwünschten positiven Eigenschaften addieren oder gar potenzieren, so werden auch rücksichtslos unerwünschte Eigenschaften, Form- und Leistungsschwächen aufgedeckt. Dies ist eine gleichzeitig positive wie negative Eigenschaft der Inzucht – und da eben nichts vollkommen ist, so wird es auch mit Sicherheit kein Tier geben, das ausschließlich positive Eigenschaften aufweist. Man muß nur als Züchter oder gar als Zuchtverein, aber auch als Hundebesitzer dies erkennen und offen zugeben. Eine Verschleierung oder Verheimlichung von Erbmängeln bei einzelnen Hunden oder ganzen Zwingern ist sehr von Übel und kann u. U. eine ganze Rasse schwer schädigen. Dies besonders dann, wenn diese Rasse in enger Familienzucht oder gar Inzucht züchten muß.
Ich habe einmal irgendwo gelesen, daß bei solchen am Rande der Inzucht gezüchteten Würfen im großen Durchschnitt etwa die Hälfte der Hunde in Form und Leistung mittelmäßig wird, ein Viertel infolge anlagebedingter Mängel unbrauchbar und der Rest das Zeug hat, in entsprechender Hand Spitzenleistungen zu erbringen. Ob das so stimmt, weiß ich nicht. Nach meinen Erfahrungen ist aber sicher etwas dran.
Ein Problem bei der Zucht des Hannoverschen Schweißhundes ist der hin und wieder fehlende Hetzlaut oder gar eine völlige Hetzunlust. Diese Hunde sind nach unserer Zuchtordnung in jedem Falle zuchtgesperrt. Für die Zuchtzulassung ist der Nachweis der lauten Hetze unabdingbar.
Konrad Andreas, der langjährige Hirschmann-Zuchtwart, ver-

suchte dieses Problem (das ja eigentlich kein Problem ist, sondern ein Herausmendeln des alten Leithunderbes) durch Einkreuzung einer reinerbig fährtelauten Bracke zu mildern oder gar zu lösen. Also auf die gleiche Weise, wie um 1800 die Wildmeister Knoop den schweren, hetzunlustigen Leithund für die Arbeit nach dem Schuß und die notwendige Hetze durch die Einkreuzung der Heidebracke »aufmöbelten« und hetz- und lautfreudig machten. Leider wurde nach seinem Tod aus verschiedenen, durchaus stichhaltigen Gründen dieser Einkreuzungszuchtversuch nicht fortgeführt.
Schade, ich persönlich glaube, daß dieser Spritzer Finnenbrakkenblut unseren Hunden ausgesprochen gut getan hätte.
Andererseits haben wir inzwischen sozusagen »unter der Hand« Brackenblut hereinbekommen, und zwar durch eine in der ČSSR gezüchtete Hannoversche Schweißhündin. Obwohl diese Hündin in Typ und Form durchaus unseren Vorstellungen und unseren Formwertrichtlinien entsprach, lagen in ihren zwei Würfen nach dem in Form und Leistung überragenden :| »Hallo vom Hessenwald« 1485 einige Hunde, die ihre Brackenahnen nicht verleugnen konnten: sehr hoch und mit viel Luft unter den Läufen, dazu schmale und recht spitze Köpfe. Nur leider brachten sie nicht den erhofften Fährtenlaut in dem Maße mit, wie es wünschenswert gewesen wäre. Von acht eingetragenen Nachkommen dieser ČSSR-Hündin konnte nur eine Hündin den Fährtenlaut nachweisen.
Über die Vererbung des Lautes wissen wir – wiederum dank Mendel – ziemlich genau Bescheid. Fährtenlaut dominiert über Sichtlaut, Sichtlaut über Stummheit. Stummheit ist gegenüber Sicht- und Fährtenlaut reinerbig rezessiv (genauso wie die hirschrote Farbe!). Aus stummen Hunden kann kein fährten- oder sichtlauter Nachkomme fallen, selbst dann nicht, wenn diese stummen Eltern in Inzestzucht auf fährtenlaute Ahnen gezüchtet wurden.
Es dürfte kaum noch eine Jagdhundrasse geben, die den Fährtenlaut als *rein*erbigen Faktor in ihrer Erbmasse hat. Und wenn es eine solche glückliche Rasse noch geben sollte, ist sie mit Sicherheit nur unter den Bracken zu suchen.

Die laute Hetze ist für den Erfolg jeder Nachsuche, bei der das nachgesuchte Stück noch lebt und aus dem letzten Wundbett fortflüchtet, von entscheidender Bedeutung.
Jagt der Hund stumm, so weiß kein Mensch, welche Richtung die Hetze genommen hat. Und jede dritte Nachsuche bedarf einer Hetze, um das kranke Stück zur Strecke zu bringen!
Selbst wenn ab sofort nur noch mit einwandfrei fährtenlauten Schweißhunden gezüchtet würde, würde es nicht gelingen, den Fährtenlaut reinerbig zu machen. Es käme dieser Versuch außerdem möglicherweise einer Verdrängung des Leithunderbes gleich, mit allen negativen Folgen für die Nasengüte und die rassetypische »Bierruhe« am langen Riemen.
Also müssen wir mit dem züchten, was wir haben. Wir können langfristig durch geschickte Partnerwahl zwar den Anteil hetzunlustiger und stummer Hunde verringern, es werden aber immer wieder Stummjager in manchen Würfen auftreten. Da diese Stummjager manchmal brillante Riemenarbeiter sind (wie z. B. :||| »Hallo-Hahnenklee« 1143), können diese Hunde in der rauhen Praxis durchaus in Verbindung mit einem locker fährtenlauten »Loshund« hervorragendes leisten. Nur gezüchtet werden darf mit diesen Hunden natürlich auf gar keinen Fall.
In diesem Zusammenhang ist vielleicht noch die Beobachtung interessant, daß sehr wildscharfe Hunde häufig recht spärlich im Lautgeben sind, und daß umgekehrt die Hunde, die vom Fleck weg locker Laut geben, oft am Wild eher zaghaft bis feige sind. Eine Beobachtung übrigens, die mir von Drahthaar- und Terrierfachleuten für ihre Rassen bestätigt wurde.
Sicher ist hierbei schwer zu trennen, was anlagebedingt und was durch in reicher Praxis erworbene Erfahrung erlernt ist. Es ist klar, daß der alte Praktiker genau weiß, daß er die Hetzen erheblich verkürzen kann, wenn er sich stumm an das Wild heranjagt und so den Überrumpelungseffekt ausnutzt. Er behält seine Puste lieber für die Hetze und hält keine großen Volksreden mehr. Alle meine Hunde haben mit zunehmendem Alter und reicherer Erfahrung ihr Lautgeben auf der Fährte reduziert, und ich weiß von anderen Schweißhundeführer, daß sie gleiche Beobachtungen bei ihren Hunden gemacht haben.

Schweißhundprüfungen

Pascha (:| »Fürst-Marthenberg« 1433) war, bei allem Charme als integriertes Familienmitglied, bei der Arbeit ein durchaus sehr eigenwilliger Partner. Auf die Vorprüfung (deren Hauptbestandteil die Arbeit auf gesunder, beobachteter Hochwildfährte ist) hatte ich den Rüden und auch mich mit Schwung und Elan vorbereitet. Dutzende kalter Fährten hatte Pascha schon zur vollsten Zufriedenheit gearbeitet, und so meinte ich, es könne eigentlich nichts schiefgehen. Hätte ich doch wenigstens vor der Prüfung ein paar Tage pausiert – es hätte mir auffallen müssen, daß und auch warum der Rüde die angebotenen Fährten mit immer weniger Lust arbeitete. Er war einfach »überfüttert«. Und da er auch schon etliche Wundfährten mit Erfolg gearbeitet hatte, wußte er genau um die Erfolglosigkeit seiner Bemühungen auf der gesunden Fährte, an deren Ende statt des »Genossenmachens« allenfalls ein Stück Butterbrot für ihn herausschaute.
So kam es, wie es kommen mußte. Pascha arbeitete bei der Vorprüfung die von einem der Richter morgens beobachtete Einzelfährte eines Hirsches zunächst rückwärts bis zu einem Bett, aus dem der Hirsch vor den Augen des Beobachters hochgeworden war. Die Richter ließen uns auch zunächst gewähren, machten uns aber dann doch auf dieses Rückwärtsarbeiten aufmerksam. So versuchte ich nun, Pascha in die umgekehrte Richtung zu lancieren. Als er das nicht kapierte oder nicht kapieren wollte, wurde ich nervös, und dies übertrug sich offenbar sofort auf den Hund. Der Schweißriemen ist ja wie kein anderes Jagdgerät ein Nervenstrang zwischen Hund und Führer.
Pascha schaute mich an, ließ die Behänge eine Etage tiefer hän-

gen als sonst und setzte sich einfach hin. Durch nichts war er mehr dazu zu bewegten, weiterzuarbeiten.
Damit war diese Vorprüfung für uns beendet.
Ein halbes Jahr später klappte es dann doch noch. Es reichte zwar nur zu einem dritten Preis, aber das war mir fast egal. Ich wußte inzwischen genau, was dieser Rüde auf der Wundfährte leisten konnte, und da spielte das Vorprüfungsergebnis nur eine sehr untergeordnete Rolle.
Pascha sollte die Fährten eines Alttieres mit Kalb arbeiten, das in Form einer Schlinge durch ein raumes Buchenaltholz gezogen war. An der Spitze dieser Schlinge war es dann in den Wind des Beobachters gekommen und flüchtig abgegangen. Nach etwa 80 Gängen kreuzte es dann seine eigene Fährte wieder.
Pascha arbeitete nun nicht – wie die Richter es gerne gesehen hätten – den weiten Bogen aus, sondern wandte sich am Schnittpunkt sofort der Fluchtfährte zu und hing ihr nach. Nach vielleicht 100 Gängen lag vor uns eine kleine Fichtendickung, in die die beiden Stücke hineingezogen waren. Da die Länge der gearbeiteten Fährte durch das Abschneiden des Bogens für die Prüfung noch nicht ausreichte, wurde die Dickung abgestellt. Nach der vereinbarten Wartezeit ließ ich Pascha weiterarbeiten, und nach kurzer Strecke sprengten wir das Tier mit dem Kalb aus den Betten.
Die Richter bewerteten diese Arbeit nur mit einem dritten Preis, weil der Rüde den Fährtenverlauf nicht exakt ausgearbeitet, sondern den Bogen abgeschnitten hatte. Begründung: Im Ernstfalle könne es passieren, daß in einem solchen Fährtenbogen nach längerer schweißloser Fährte wieder *der* eine Schweißtropfen liegen könnte, der dem Führer die Sicherheit gibt, noch auf der rechten Fährte zu sein.
Dreimal versuchte ich mit Pascha einen Hauptprüfungspreis zu erringen. Erst beim dritten Versuch klappte es, da aber gleich mit einem hohen 1. Preis.
Bei den Prüfungen fast aller Jagdgebrauchshundvereine können für jeden Hund vergleichbare Chancen geschaffen werden. Ein Hundeführer, der auf einer VGP oder einer Verbandsschweißprüfung führt, kann sicher sein, daß alle Prüflinge vergleichbare

Bedingungen und Möglichkeiten vorfinden. Bei den Schweißhundhauptprüfungen – ausschließlich auf natürlicher Wundfährte – ist das sehr viel anders! Hier entscheiden das Los und der Anschuß über die Möglichkeit des Hundes, sein Können voll entfalten und zeigen zu können. Was nutzt einem hochveranlagten und in der Praxis bestbewährten Hund ein Anschuß, der nach 100 Gängen das Stück bereits zur Strecke liefert.

Aus diesem guten Grunde verzichtet der Verein Hirschmann auch darauf, einen Hauptprüfungspreis als Zuchtvoraussetzung zu fordern. Allzu oft habe auch ich schon als Führer, Richter oder Zuschauer bei Hauptprüfungen erlebt, daß die objektiv besten Hunde nicht bewertet werden konnten, weil die ihnen angebotenen Chancen nicht verwertbar waren. Entweder hatten die Stücke leichte Streifschüsse, mit denen sie nicht zur Strecke zu bringen waren, oder aber sie lagen verendet nach wenigen Metern in der nächsten Dickung.

Bei meinen beiden erfolglosen Versuchen, mit Pascha einen Hauptprüfungspreis zu erringen, waren die gebotenen Möglichkeiten nicht zu verwerten.

Bei der ersten Hauptprüfung im Edergatter im Anschluß an eine große Staatsjagd loste ich einen Sauanschuß, auf dem Knochensplitter vom Unterkiefer und Zahnteile herumlagen. Trotz weiter Riemenarbeit (etwa drei Kilometer) kamen wir nicht an die kranke Sau. Und wenn wir herangekommen wären, wer weiß, ob wir die Sau dann zur Strecke bekommen hätten. Jeder Kundige weiß, wie schwer sich gebrechkranke Sauen stellen. So scheiterten wir in einer großen Dickung in Fütterungsnähe, als gesundes Rot-, Dam- und Schwarzwild auf engstem Raum um uns herumpolterte und den Rüden völlig aus der Fassung brachte.

Der zweite Versuch fand dann ein Jahr später in einem relativ kleinen Schwarzwildgatter im Odenwald statt. Die Wilddichte hier war unvorstellbar, ebenso die Dickfelligkeit der dortigen halbzahmen Sauen. So wurden wir bei den Arbeiten in den Dikkungen alle paar Meter von gesunden Sauen empört angeblasen, und in den Althölzern ließen sich die Sauen kaum beim Brechen stören, wenn wir nur wenige Meter entfernt vorbeiarbeiteten.

Das heißt, arbeiten konnte man das nicht gut nennen; denn welcher Hund hat die Nerven, beim Anblick einer solchen »Sauerei« ruhig zu bleiben und seine Fährte weiterzuarbeiten? So brachten wir nur eine Bache nach sehr kurzer Riemenarbeit und wenigen Metern Hetze zur Strecke, die einen Schuß im kleinen Gescheide hatte. Aber diese Arbeit reichte ihrer Kürze wegen für eine Bewertung nicht aus.

Aller guten Dinge sind bekanntlich drei, und so versuchte ich es noch einmal im Winter 1970 bei einer kleinen Gruppen-Hauptprüfung im Hochwald. Welchen Eindruck der Rüde damals auf die sachkundigen Zuschauer hinterließ, vermittelt ein kurzer Bericht, den der Hundeobmann der Kreisgruppe Birkenfeld im Landesjagdverband Rheinland-Pfalz, Helmut Simon, in der »Pirsch« veröffentlichte:

Die beste Gelegenheit, sein Können und seine Erfahrungen unter Beweis zu stellen, hatte »Fürst-Marthenberg« 1433 unter seinem jungen, passionierten Führer Ofö. Krewer. Der Verfasser hatte die seltene Gelegenheit, diese Suche von A bis Z miterleben zu können – für einen Gebrauchshundemann eine ausgezeichnete Demonstration, was Spezialisten der Schweißarbeit zu leisten in der Lage sind.

Einem am 4. Dezember im Forstamt Birkenfeld auf einer Drückjagd beschossenen Alttier hatte die Kugel einen Hinterlauf zwischen Knie- und Sprunggelenk zerschlagen. Nach 18 Stunden wurde die Suche begonnen. Richter waren die Herren Nielen/Reinsfeld und Prüm/Börfink. Der sehr ruhige und erfahrene Rüde suchte in sicherer Manier mit ständig tiefer Nase. Sein Führer ließ meist den Schweißriemen über den Boden schleifen. So war eine Folge der Richter und der kleinen Korona im »Spaziertempo« ohne weiteres möglich.

Ein unmittelbar neben der Wundfährte sitzendes Reh vermochte den Rüden keine Sekunde aus dem Konzept zu bringen. Unbeirrbar hing er »seiner« Fährte nach und verlor keinen Augenblick den »roten Faden«.

Schwierig wurde es, als die nur noch wenig schweißende Fährte an einer stark besuchten Fütterung vorbeiführte. Es galt einen Wirrwarr von Rot- und Schwarzwildfährten zu überwinden.

Wenige Stunden vorher war eine Rotte Sauen über die Rotfährte gewechselt. Durch Bogenschlagen und mehrmaliges selbständiges Zurückgreifen fand sich der Rüde immer wieder selbst zurecht. Schließlich führte er über einen Weg zu einer kleinen Dikkung. Bis dahin waren 2,5 km bester Riemenarbeit geleistet. Erstmalig nahm der Hund die Nase hoch und windete gegen die Dickung. Er signalisierte deutlich, daß darin etwas »los« sein mußte. Die Dickung wurde daraufhin abgestellt. Kaum waren Hund und Führer verschwunden, polterte auch schon Wild vor dem Hunde weg. An einem warmen Wundbett wurde der Hund geschnallt. Gesundes Wild verließ die Dickung, dem der Hund, der sich verschossen hatte, etwa 20 Gänge folgte. Dann aber hatte er gemerkt, daß das kranke Stück nicht bei diesem Wild war. Er drehte sofort ab und suchte Anschluß an »sein« Stück. Fährtenlaut jagte er das Stück an der Korona vorbei. Nach 300 Gängen Standlaut, das Alttier hatte sich in einem Fichtenschlag so zwischen die liegenden Stämme eingeklemmt, daß es nicht mehr weiterkam. Schon nach wenigen Minuten konnte der Führer den Fangschuß geben.
Die Arbeit wurde von den Richtern mit 192 Punkten und somit mit einem 1. Preis bewertet.
Diese Hauptprüfung bewies eindeutig den Wert gerechter Schweißarbeit. Sie war für jeden Teilnehmer wertvoll, gleich ob er aus dem Schweißhunde- oder dem Gebrauchshundelager kommt.
Im November 1974 führte ich meine »Balda vom Eisernen Tor« 1533 auf einer im Soonwald, in den Revieren um das Denkmal des Jägers aus Kurpfalz stattfindenden Hauptprüfung.
Die erste Suche galt einem Alttier, das am Vorabend auf der Pirsch beschossen worden war. Nach dem auf dem Anschuß gefundenen Schnitthaar vermuteten wir (die Richter und ich) den Schuß tief vor der Spinne. Aber wir sollten uns schwer getäuscht haben.
Bei wenig Schweißkontrolle arbeitete Balda ihre Fährte durch Dickungen und Laubalthölzer, in denen Sauen in der Nacht zuvor die Fährte auf großer Strecke buchstäblich umgedreht hatten. Durch Bogenschlagen fand die Hündin aber ihren roten Fa-

den immer wieder; es war eine rechte Freude, wie sie mit den Schwierigkeiten fertig wurde.

Nach etwa 1 200 Metern bester Riemenarbeit ging es dann in eine bürstendichte Fichtendickung, die wir vorsichtshalber durch die uns begleitende Korona abstellen ließen. Dann ging es hinein ins Vergnügen. Bereits nach wenigen Metern ein Wundbett, dem ein halbes Dutzend weitere auf engstem Raum folgten. Das Ende bahnte sich an. Aus dem sechsten oder siebenten Wundbett wurde das Tier schließlich vor uns hoch. Die begleitenden Richter hatten schon vor der Dickung Weisung gegeben, sofort zu schnallen, wenn das Tier vor mir hochwerden würde. So war die Halsung schnell herunter und Balda im dicken Zeug verschwunden.

Sekunden später bereits Standlaut, kaum 20 Gänge vor uns. Vorsichtig gingen wir näher ran, da stand das Tier auf einer schmalen Schluppe, hart bedrängt von der Hündin, die jeden Versuch des Alttieres, auszubrechen, mit einem Griff in die Keulen verhinderte. So fiel rasch der Fangschuß.

Zur Strecke war ein uraltes Tier, sicher eher 20 als 15 Jahre alt, dem die Kugel vom Vorabend einen Vorderlauf hoch zerschlagen hatte. Das helle und weiche Haar, das uns getäuscht hatte, stammte aus der »Achselhöhle« und nicht aus dem Bereich der Spinne.

Diese Arbeit wurde mit einem 2. Preis bewertet (für die Riemenarbeit gab es ein »sehr gut«), da die Hetze zu kurz und daher nicht bewertbar war. Wie auch immer, ich war sehr zufrieden und glücklich.

Wenn man die Chancen, die bei einer Prüfung auf natürlicher Wundfährte geboten werden, voll nutzt, muß man einfach zufrieden sein – im Gegensatz vielleicht zu den Prüfungen auf künstlicher Fährte, bei denen eine Chancengleichheit für alle Prüflinge gegeben ist.

Im Soonwald passierte im Verlaufe dieser Hauptprüfung noch folgende Geschichte:

Ich war in einem Gasthof-Neubau in der Nähe von Kreershäuschen untergebracht. Balda lag auf ihrer Decke vor der Heizung – oder sollte wenigstens dort liegen. Am Abend des Prüfungstages, der mir und Balda den 2. Preis einbrachte, hatte ich Balda ins Quartier gebracht und war wieder zurück ins »Hauptquartier« gefahren, um dort mit den Schweißhundführer-Freunden gebührend zu feiern. Was denn auch geschah.

Spät in der Nacht fuhr ich zu meinem Quartier zurück, es regnete in Strömen und die ganze Gegend war ein Schlammbad. Balda lag auch treu und brav auf ihrer Decke, aber sie gab zu verstehen, daß sie ein dringendes Geschäft zu erledigen hätte. Also ging ich mit ihr nach unten und ließ sie nach draußen. Sie stapfte hörbar im Schlamm herum und kam nach einer Weile zu mir, die Pfoten grau von Schlamm und Dreck. Um die Wirtin nicht zu vergrämen, holte ich Balda auf den Arm und trug sie nach oben auf ihre Matte. Ich selber schob mich ein und war im Nu eingeschlafen.

Irgendwann in den folgenden Stunden wurde ich wach, ich fühlte mich ausgesprochen eingeengt. Mit dem Kopf lag ich an der Wand, und an meinem Rücken lag etwas Feuchtes und Schweres. Es dauerte eine Weile, bis mir dämmerte, daß mein Hund zu mir ins Bett gekrochen war! Sie war sehr schnell wieder auf ihrer Matte, aber wie sah das Bett aus! Kissen, Laken und Matratze waren schlammverschmiert. Den Rest der Nacht schlief ich gar nicht mehr gut.

Am Morgen eröffnete ich der wirklich reizenden Wirtin, was passiert war. Sie trug es mit Würde und Fassung.

Im Dezember 1978 führte ich dann Gilka (»Dolde vom Lützelsoon« 1627) zur Hauptprüfung im Saupark Springe. Ich kannte den Saupark von vielen Besuchen bei meinem Freund Wilhelm Puchmüller und ahnte, was uns dort erwartete. Die im Verlauf einer großen Staatsjagd des niedersächsischen Ministerpräsidenten anfallenden Nachsuchen sollten für eine »kleine« Hauptprüfung mit nur zwei Hunden verwertet werden.

Es knallte am Vormittag wie auf einem Truppenübungsplatz, und als wir uns mittags an der Wolfsbuche einfanden, lagen zwei Anschüsse vor. Ich hatte mit wesentlich mehr gerechnet, aber es war ausgesprochen gut geschossen worden. Sicher auch deshalb, weil großräumig abgestellt worden war und das Wild doch recht vertraut anwechselte.

Ich loste den Anschuß eines Dam-Alttieres, dem nach der Beobachtung des den prominenten Schützen begleitenden Forstbeamten ein Hinterlauf zerschossen worden war.
Vier Stunden später waren wir – die Richter Bergien, Bruchmüller, Puchmüller und ich mit Hund – am Anschuß. Gilka kannte Damwild überhaupt nicht, und so war mir nicht sehr wohl in meiner Haut. Ich hatte ja keine Ahnung, was die Hündin auf dieser ihr völlig ungewohnten Wildfährte wohl machen würde.
Aber es klappte besser als befürchtet. Gilka verwies auf dem Anschuß Schweiß und kleine Knochensplitter und folgte zügig der Fährte durch ein Eschen-Stangenholz in eine schon lockere Fichtendickung. Kaum waren wir in diese eingetaucht, kam hochflüchtig ein Überläufer zwischen dem Hund und mir über den Schweißriemen geprescht. Die Jagd war ja noch im Gange und das gesamte Wild des Sauparks auf den Läufen.
Gilka wurde zur Beruhigung abgelegt und eine Zigarette angesteckt. Nach zehn Minuten ging es weiter. Gilka hatte die Sau vergessen und folgte ruhig und konzentriert ihrer Damtierfährte. Wir verließen die Dickung, und nun ging es hangaufwärts in ein räumiges Buchenaltholz. Schweiß wurde seltener, aber ab und an fanden wir doch noch eine Bestätigung.
Wir mochten vielleicht 200 Gänge in den Buchen der Fährte gefolgt sein, als uns *auf* der Wundfährte ein starkes Rudel Muffelwild entgegenkam. Wir eräugten uns wohl gleichzeitig, die Muffel preschten seitwärts weg und ich versuchte, Gilka zu beruhigen und abzulegen.
Nach dieser muffelbedingten Zwangspause ging es dann weiter. Ich war froh, daß Gilka mit großer Konzentration ihre Fährte weiterarbeitete und die frischen Verleitungen ihr offenbar keine Schwierigkeiten machten. Nach weiteren 100 Gängen standen wir plötzlich auf einer schweißbespritzten Fläche von etwa 10 × 10 Metern. Hier war offensichtlich ein Stück erlegt worden. Während ich noch mit Gilka um diese Fläche herum einen möglichen Abgang suchte, fand Freund Wilhelm Puchmüller einen Knochensplitter, der nur von der Hirnschale stammen konnte. Er vermutete, daß hier »unser« Stück erlegt worden war und schlug vor, schnellstens zum Streckenplatz an der Wolfsbuche

zu fahren. Wenn seine Theorie stimmte, mußte dort ein Damtier liegen mit einem Hinterlauf – und einem Kopfschuß!
Gesagt – getan. Und wir fanden das Stück, es gab nicht den geringsten Zweifel.
Nach langen und intensiven Beratungen der Richterkollegiums beschloß man, diese Arbeit zu werten, und zwar mit einem 3. Preis. Ich war zufrieden; ein dritter Preis unter solch schwierigen Verhältnissen wie im Saupark Springe zählt doppelt.

Nachsuchen

Ein Ia-Hirsch

Der Leiter unseres Forstamtes, Landforstmeister S., beschoß in der Brunft abends einen starken ungeraden Vierzehnender auf einer Schneise inmitten großer Dickungen. Schon beim Treffen am nächsten Morgen stellten wir fest, daß der Hirsch genau an der Stelle, an der wir uns verabredet hatten, über einen Weg gezogen war. Dort lag ein großer geronnener Schweißpfropfen.
Pascha wurde abgelegt, und wir gingen zunächst einmal zum Anschuß. Eindeutiger Befund: Vorderlaufschuß!
Die ersten 200 Gänge konnten wir uns schenken, da wir den Auswechsel ja schon durch Zufall gefunden hatten. Pascha wurde also dort zur Fährte gelegt und arbeitete zügig in das eingrenzende Stangenholz. Hin und wieder verwies er einen kleinen Schweißtropfen, so daß auf den ersten anderthalb Kilometern eine Kontrolle immer möglich war. Dann hörte der Schweiß abrupt auf. Pascha arbeitete über eine Straße und führte durch Fichten- und Buchenbestände bis an ein ausgedehntes Birkenbruch. Unter den Birken stand eine geschlossene Adlerfarndecke.
Am Rande des Bruches war an einem tief eingeschnittenen Bachlauf eine Rutschspur zu erkennen. So sehr wir uns aber Mühe gaben, kein Schweißtropfen bestätigte die Richtigkeit der Arbeit. Trotzdem verbrachen wir die Stelle.
Wir – das waren Kollege H. und ich. Oberförster H. war immer am letzten Schweißtropfen stehen geblieben, um ein eventuelles Zurückgreifen zu erleichtern. Eine Vorsichtsmaßnahme, die

sich jedoch gottlob als unnötig erwies. Als schließlich der Schweiß gänzlich aufgehört hatte, war er hinter mir hergekrochen; vier Augen sehen mehr als zwei, aber auch er hatte nichts finden können.

An diesem Graben ließ ich ihn zurück, in dem Farn hätte er ohnehin nicht viel helfen können. Im Farn begann Pascha zu kreisen und schlug Bogen auf Bogen. Ich ließ ihm mit schleppendem Riemen die größtmögliche Freiheit, um ihn ja nicht bei seinen Versuchen, den Abgang wiederzufinden, zu stören. Schließlich entschloß ich mich, ihn abzutragen und wieder an der »Rutsche« anzusetzen. Vielleicht hatte H. ja auch inzwischen dort etwas gefunden.

Nun, letzteres war nicht der Fall. Pascha buchstabierte sich wieder in den Farn hinein, und das Bogenschlagen begann von neuem. Ich hätte geglaubt, daß wir auf einem halben Hektar eigentlich jeden Quadratmeter schon abgesucht hätten, da plötzlich rauschte es hinter mir, und ein starker Hirsch, von dem ich nur das Geweih sehen konnte, flüchtete zurück. Eine Stunde hatte der Hirsch uns in seiner unmittelbaren Nähe ausgehalten! Sekunden später waren wir am Wundbett, frischer Schweiß ließ mich sofort die Halsung des Hundes lösen. Fährtenlaut verschwand der Rüde in Richtung H., der immer noch an der »Rutsche« wartete.

Ihm kam der Hirsch auf wenige Schritte, aber er hatte kein Gewehr dabei! Was sollte er auch damit, er wollte ja sowieso immer in meiner Nähe bleiben, und mir war es lieber, im dicken Zeug kein geladenes Gewehr in meinem Rücken zu wissen.

Pascha folgte dem Hirsch und wir beide auch. Nach etwa 1 000 Metern Standlaut. Pascha verbellte den Hirsch am Rande eines Buchenaltholzes, ein herrliches Bild, der dunkle Hund vor dem starken Hirsch im herbstbunten Wald.

Ich hatte in meiner Nachsuchenbüchse finnische Munition (8 × 57 IS), die mir ein Freund geschenkt hatte. Ich wußte jedoch, daß als unterste Patrone im Magazin noch eine RWS – made in Germany – sein mußte.

Auf 40 Schritt wollte ich dem Hirsch den Fangschuß hinter das Blatt setzen, »klick« machte das Gewehr, ein Versager! Der

Hirsch brach aus, stellte sich dem Hund aber wenige Gänge in dem angrenzenden Stangenholz wieder.
Ich hatte inzwischen repetiert und mich wieder herangearbeitet. Wieder stand der Hirsch scheibenbreit, wieder machte es statt »peng« nur »klick«.
Nun packte mich aber langsam die Verzweiflung. Der Hirsch war wieder weg, wurde aber von dem immer schärfer rangehenden Rüden nach weiteren 50 Gängen erneut gestellt.
Nun repetierte ich die beiden restlichen »Finnen« einfach in die Gegend und pirschte mich mit der letzten Patrone an den Standlaut heran. Mit dieser Kugel hochblatt brach der Hirsch im Feuer zusammen.
Ein starker Ia-Hirsch war zur Strecke. Das anschließende Tottrinken stand im angemessenen Verhältnis zur Stärke der Trophäe und zur Schwierigkeit der Nachsuche.

Der annehmende Hirsch

An einem Brunftabend war ein mittlerer Hirsch beschossen worden. Die zunächst mit einem Teckel am nächsten Vormittag aufgenommene Nachsuche ergab einen Laufschuß und wurde nach etwa 1 500 Metern abgebrochen, da man wegen der zu erwartenden Hetze kein Risiko eingehen wollte.
In der Mittagsstunde wurde ich angerufen und um die Fortsetzung der Nachsuche gebeten. Eine Stunde später setzte ich Pascha dort an, wo vormittags der letzte Schweiß gefunden worden war. Die schon gearbeiteten 1,5 Kilometer wollte ich mir und dem Hund in Anbetracht der fortgeschrittenen Zeit schenken.
Pascha arbeitete über eine kniehohe Kultur und bog dann ab in Richtung auf eine Lärchen-Fichten-Dickung, die sehr vernäßt und mit Erlenbrüchern durchsetzt war. Die Dickung wurde abgestellt. Schweiß war schon lange nicht mehr gefunden worden, jedoch bot das typische Trittsiegel eines laufkranken Hirsches in der hellen Lärchennadelstreu einen gewissen Anhalt.
Inmitten der Dickung lag ein Erlenbruch von etwa 40 Gängen Durchmesser. Am Rand dieses Bruches hatte sich der Hirsch ge-

bettet und wurde vor dem Hund hoch. Im Wegflüchten sah ich einen Hinterlauf schlenkern!

Sofort schnallte ich den Rüden, der den Hirsch schon am jenseitigen Rande der Erlen stellte. Pascha beschäftigte den Hirsch derart, daß ich bis auf etwa 30 Gänge durch den offenen Bestand heranpirschen konnte. Da eräugte mich der Hirsch. Sofort warf er sich zu mir herum, schrie mir aus vollem Halse vier- oder fünfmal den Sprengruf entgegen und nahm an! Pascha hängte sich sofort an den Hirsch und ließ sich mitschleifen, daher war an einen Schuß auf den Stich nicht zu denken. Auf halber Strecke warf sich der Hirsch kurz herum und schlug nach dem Hund, der auch sofort abließ. Diesen kurzen Augenblick nutzte ich aus und setzte dem Hirsch die Kugel auf den Trägeransatz.

Mir war doch etwas warm geworden, so etwas hatte ich noch nicht erlebt. Der Sprengruf war »draußen« von einigen Schützen auch gehört worden. Waren es die Schmerzen oder war es wegen der Brunft, daß der Hirsch so merkwürdig reagierte? Ich hatte auch keinesfalls den Eindruck, daß der Hirsch aus Angst schrie oder schreckte, wie ich es in einem anderen Falle schon einmal erlebt hatte. Das »Weiße« in den Lichtern, überhaupt das ganze Verhalten und der eindeutige Gesichtsausdruck ließen über seine Absicht keine Zweifel aufkommen.

Der erste Schuß saß an einem Hinterlauf zwischen Sprunggelenk und Geäfter.

Ein Hirsch mit Schalenschuß

Im Winter bei hoher Schneelage beschoß ein guter Bekannter unserer Familie abends einen geringen Hirsch. Die Kugel saß weit vor dem Hirsch im Schnee. Dennoch lagen auf dem Anschuß kleine Knochensplitter; das Geschoß hatte demnach unter dem Schnee doch noch einen Lauf erwischt.

Am nächsten Morgen stellten wir zunächst einmal fest, daß ein starkes Hirschrudel von der Fütterung her in dieselbe Dickung eingewechselt war, die auch der kranke Hirsch angenommen hatte. Fährte stand neben Fährte, der wenige Schweiß war sogar

größtenteils durch die gesunden Fährten zugedeckt worden. Wir umschlugen daher zunächst einmal den ganzen Dickungskomplex, fanden jedoch keinen Auswechsel.
Ich legte Pascha am Anschuß zur Fährte. Er tat sich zunächst infolge der vielen Fährten etwas schwer, buchstabierte sich aber dann doch seine Fährte heraus. Nach etwa 300 Gängen hatten wir nur noch »unsere« Fährte vor uns, in der jetzt auch häufiger Schweiß lag. Plötzlich ein gewaltiger Ruck am Schweißriemen, der mich der Länge nach auf den Boden warf. Pascha hatte den Hirsch im Wundbett gegriffen! Dem Hirsch war es natürlich Sekunden später gelungen freizukommen. Jeder weiß ja, wie stark hohe Schneeauflage Geräusche dämpfen kann. Nur so ist es zu erklären, daß sich der Hirsch im Bett greifen ließ, denn mit seinem tiefen Laufschuß war er ja sicher nicht sehr krank oder im Gebrauch seiner Sinne behindert.
Ich schnallte den Rüden, der auch im Handumdrehen auf der frischen Fluchtfährte verschwunden war. Ohne einen Laut zu hören, arbeitete ich mich auf der Fluchtfährte weiter und stand schließlich an einer breiten Schneise. Da hörte ich Paschas Standlaut. Auf einem Hochsitz an dieser Schneise saß der Schütze, er hatte Hirsch und Hund über den Feuerschutzstreifen kommen sehen und sah auch jetzt von seiner hohen Warte aus auf einer Fehlstelle den sich stellenden Hirsch und den Rüden.
Ich warf den Schweißriemen auf die Schneise, machte meine alte Nachsuchenbüchse fertig und pirschte mich an den Hirsch heran. Drei Schüsse hinter die Blattschaufel – man hätte alle drei mit einem Bierfilz zudecken können – »verdaute« der Hirsch, bis er schließlich hochsteilte und fertig zum Aufbrechen auf Geweih und Ziemer lag.
Ich stellte mein Gewehr an einen Stubben und ging zunächst erst einmal wieder zurück auf die Schneise, um den Schweißriemen zu holen. Der Schütze konnte es begreiflicherweise nicht mehr erwarten, endlich an seinen ersten Hirsch herantreten zu können. Er kannte ja Pascha sehr gut, ja hatte ihn sogar hin und wieder während unseres Urlaubs versorgt.
Während ich also den Schweißriemen wieder aufhob, gab es am Hirsch einen wüsten Tumult, Pascha gab kurz Laut, dann er-

tönte ein kurzer menschlicher Schmerzensschrei. Ich rannte sofort hin und sah Pascha, der dem Schützen am Oberschenkel hing, etwas unterhalb der Stelle, an der Männer sehr empfindlich sind. Ich versuchte, den Rüden abzunehmen, da nahm er mich an und biß mich kräftig in das rechte Handgelenk. Die Narbe ist noch heute gut zu sehen. Schließlich beruhigte er sich doch etwas, und ich bekam ihn wieder unter Kontrolle. Die Hose des Schützen war »hin«, die übrigen Verletzungen behandelten wir anschließend mit Jod.

Die Kugel vom Vorabend hatte dem Hirsch einen Vorderlauf zwischen Schalen und Oberrücken zerschlagen.

Pascha war am gestreckten Stück immer etwas mit Vorsicht zu genießen. Insbesondere nach Hetzen mußte er sich immer erst abreagieren, ehe ich ihn wieder voll im Griff hatte. Es war jedoch niemals lebensgefährlich. Ich konnte mich auch nie entschließen, in einer solchen Situation hart gegen ihn vorzugehen. Die Freude über die erfolgreiche Nachsuche war immer größer als der Ärger, wenn er einmal wieder niemanden an sein Wild heranlassen wollte.

Ein laufkrankes Kalb

Einem schwachen Kalb war bei einer Drückjagd ein Vorderlauf zerschossen worden. Noch am gleichen Tag wurde ich zur Nachsuche gerufen und konnte drei Stunden später Pascha zur Fährte legen.

Es lag eine unterbrochene Schneedecke, die in den Laubholzbeständen die Kontrolle erleichterte. Nach zügiger Riemenarbeit – hin und wieder verwies der Rüde Schweiß – kamen wir an ein Kulturgatter, dessen Zaun jedoch stark durchlöchert war. Durch eine dieser Lücken war das Kalb in dieses Lärchengatter eingewechselt.

Schnell wurde die Hauptwechsel besetzt, und nach der vereinbarten Zeit ließ ich Pascha weitersuchen. Vom letzten Winter her waren noch zahlreiche Schneebruchhorste unaufgearbeitet liegengeblieben, was die Folge am Riemen sehr erschwerte.

Beim Umschlagen eines dieser Horste wurde Pascha dann sehr heftig und verwies wenig später auf einen Schneefleck die frische Fluchtfährte des Kalbes mit etwas Schweiß. Geschnallt, hetzte er eine ganze Weile fährtenlaut, bis ich schließlich nichts mehr von ihm hörte. Eigentlich hätte längst ein Schuß fallen müssen.

Ich arbeitete mich aus der Dickung heraus und traf draußen einen Kollegen, der ein sehr langes Gesicht machte. Ihm war das laufkranke Kalb gekommen und hatte sogar noch vor ihm verhofft und nach dem weit hinter ihm läutenden Hund geäugt. In aller Ruhe konnte er »Maß nehmen«, statt des Schusses machte es jedoch nur leise »klack«, ein Versager aus neuem Gewehr mit fabrikneuer Munition!

Was half es, das Kalb war wieder weg und mit dem langsam aufholenden Rüden in der angrenzenden Fichtendickung verschwunden. Ich lief also hinterher und sah schließlich das kranke Kalb über eine Schneise trollen, für einen Schuß jedoch zu weit. Als ich dort ankam, kam auch Pascha mit tiefer Nase auf der Fährte an. Ich konnte ihn abrufen und wieder an den Schweißriemen nehmen.

Nun hielten wir erst einmal Kriegsrat. Das Kalb war noch sehr flüchtig, und der Rüde zeigte doch schon starke Ermüdungserscheinungen. Nach einer Ruhepause wurde die Dickung, in der das Kalb verschwunden war, abgestellt. Ich arbeitete eine Strecke am Riemen und schnallte in der Dickung erneut, da am Riemen kaum noch Aussicht bestand, an das Kalb heranzukommen. Zum absolut dichten Abstellen reichten die Schützen sowieso nicht aus. Auch das Kalb mußte ja einmal müde werden.

Pascha verschwand also wieder im »dicken Zeug«, er gab nur spärlich auf der Fährte laut, um seinen Atem für die Hetze zu sparen. Endlich fiel draußen ein Schuß: Einem der Schützen war das Kalb im Troll über eine große Wildwiese gekommen. Vom Hochsitz aus hatte er es beschossen, jedoch ohne jeden Erfolg. Die Kugel saß hinter dem Kalb im Dreck!

Nach einer Weile kam Pascha zurück, fix und fertig! Da es ohnehin dunkel wurde, brachen wir ab und verabredeten uns für den nächsten Tag.

Nach schlecht durchschlafener Nacht trafen wir uns am nächsten Morgen dort, wo wir am Vorabend abgebrochen hatten. Durch Umschlagen stellten wir zunächst einmal fest, daß das Kalb wiederum das Lärchengatter angenommen hatte und dort steckte. Leider war die Zahl der Nachsuchenteilnehmer gegenüber dem Vortag etwas geschrumpft. Das lag sicher auch am Wetter; es regnete wieder, was das Zeug hielt. So konnten wir nur noch die Hauptwechsel bzw. die großen Löcher im Zaun abstellen, und für erneutes Vorbeischießen oder Versager wurde die Todesstrafe in Aussicht gestellt.

Nach etlichen 100 Gängen sah ich plötzlich das Kalb unter einer kleinen Schirmfichte sitzen, während Pascha noch an einem Widergang buchstabierte. Ich ließ den Schweißriemen fallen, trat darauf und versuchte meine Büchse lautlos vom Rücken zu nehmen. Das hielt das Kalb natürlich nicht aus, wurde blitzschnell hoch und war in den Lärchenschneebrüchen verschwunden. Da hatte auch Pascha das Kalb eräugt und wollte geschnallt werden. Abgehalst, verschwand er lauthals im Verhau. Die Hetze entfernte sich schnell, ohne daß ein Schuß gefallen war. Natürlich waren Stück und Hund dort aus der Dickung herausgekommen, wo niemand stand.

Die Hetze ging durch mehrere Abteilungen, bis der Rüde schließlich wieder abbrach und zurückkam.

So ging es nicht. So unbegreiflich es auch scheinen mag, der Rüde schaffte es einfach nicht, dieses Kalb zu stellen und niederzuziehen, wie er es schon viele Male getan hatte. Am Riemen arbeiteten wir dann die ganze Hetze aus, schließlich hatten wir auch den Punkt überwunden, an dem der Rüde abgelassen hatte. Das Kalb hatte anschließend einen klassischen Widergang in einem Bach gemacht, der uns etwas Schwierigkeiten machte. Schließlich hatten wir aber auch diese Nuß geknackt, und die Fährte stand wieder in eine Dickung, die rasch umstellt wurde.

Kaum waren wir im dicken Zeug verschwunden, da fielen draußen mehrere Schüsse, und schließlich ertönte »Hirsch tot«.

Einem jungen Kollegen war das Kalb lautlos gekommen und hatte sich wohl wieder fortstehlen wollen. Da wir vorher vereinbart hatten, daß auf dieses Kalb geschossen werden müsse, solange noch ein Lauf sich bewege, hatte er einige Patronen geopfert. Es war schon Nachmittag, als wir völlig durchnäßt, aber glücklich in eine Gastwirtschaft zogen, um uns innerlich und äußerlich wieder zu regenerieren.

Ein Brunfthirsch

An einem Abend in der Hochbrunft wurde in einem Eifelrevier ein besserer Hirsch auf einem Kahlschlag beschossen. Die am nächsten Morgen von dem dort zuständigen Beamten mit seinem jungen Schweißhund durchgeführte Nachsuche ergab, daß der Hirsch einen Kammerschuß haben mußte. Die Schweißfährte stand in ein Fichtenstangenholz, wo nach etwa 200 Gängen der Schweiß abrupt aufhörte. Kahlwild, das dort gesessen hatte und vor dem Hunde wegtrat, brachte diesen aus dem Konzept. 200 Gänge tiefer floß ein Bach; der Fichtenbestand wurde also einschließlich des Bachlaufes abgesucht, ohne Erfolg.
Gegen 10.30 Uhr vormittags bat mich mein Kollege telefonisch, die Nachsuche fortzusetzen. Etwa 120 Kilometer einfache Wegstrecke brachte ich in knapp zwei Stunden hinter mich und war in der Mittagsstunde dort. Es war brütend heiß, als ich Pascha etwa 20 Stunden nach dem Schuß am Anschuß zur Fährte legte. Ja, dort lagen Lungenschweiß und kleine Teilchen fester Lungensubstanz, daran gab es keine Zweifel!
Pascha arbeitete ruhig die zunächst gut zu kontrollierende Schweißfährte hangabwärts, und wenig später standen wir am Bach. Nach Ausarbeitung eines kleinen Widerganges stieg der Rüde wieder aus dem Bach heraus und arbeitete den jenseitigen Steilhang hinauf. Kein Schweißtropfen bestätigte uns die Richtigkeit seiner Arbeit. Im halben Hang überquerten wir einen Horizontalweg, da tupfte Pascha auf ein Buchenblatt: Schweiß! Der erste Schweiß nach 600 Metern. Trotzdem kamen uns Zweifel: Konnte ein Hirsch mit einem Kammerschuß überhaupt noch einen solchen Steilhang hinaufziehen? Aber hier lag ein Schweißtropfen, und wir mußten von hier aus weiterarbeiten, so unwahrscheinlich dieser Fährtenverlauf auch sein mochte.
Merkwürdigerweise lag in der Folge häufiger Schweiß; etwa alle

100 Gänge fanden wir eine Bestätigung, daß wir noch richtig waren. Laubholzbestände aller Altersklassen wurden durchquert, und wir hatten schon über drei Kilometer Riemenarbeit hinter uns gebracht, als Pascha in einem Buchenstangenholz ein Wundbett verwies. Der Hirsch hatte offenbar längere Zeit hier gesessen, es lag recht viel Schweiß, besonders auf der Ausschußseite. Das Bett war jedoch kalt, und daher ging es am Riemen weiter. 200 Gänge weiter ein zweites Wundbett, wenig später ein drittes. Aber alle Betten waren kalt, der Schweiß angetrocknet. Dann arbeitete Pascha in ein Buchenaltholz mit einigen mannshohen Verjüngungshorsten. Vor uns lag eine Buche, die der Wind mit der Wurzel ausgehoben hatte. In der feuchten Erde des ausgehobenen Wurzeltellers hatte sich der Hirsch ein weiteres Mal gebettet. Hier war der Schweiß sichtlich frischer. 30 Meter oberhalb befand sich ein Verjüngungshorst. Da nahm Pascha plötzlich die Nase hoch und windete hangaufwärts. Gleichzeitig krachte es dort, und ein Hirsch flüchtete schräg hangabwärts.
War das der kranke Hirsch? Mein Kollege war schon dort und fand sofort das frische Wundbett. Pascha hatte den Hirsch eräugt und hetzte sofort auf Sicht, nachdem ich ihm die Halsung abgenommen hatte. Was die Lunge hergab, rannten wir hinterher. Nach beinahe anderthalb Kilometern Hetze endlich Standlaut. In einem Buchen-Fichten-Altholz am jenseitigen Hang stellte Pascha den Hirsch. Völlig ausgepumpt, verschoß ich mein ganzes Magazin, bis der Hirsch zusammenbrach.
3,5 Kilometer Riemenarbeit und 1,5 Kilometer Hetze lagen hinter uns. Zwei Stunden hatte die Nachsuche gedauert. Wo saß nun die Kugel vom Vorabend? Die Kugel des Schützen hatte hinter der Blattschaufel die Kammer durchschlagen. Der Einschuß war kalibergroß. Aus dem etwa fünfmarkstückgroßen Ausschuß hing ein faustgroßer Lungenfetzen, der wahrscheinlich dieses Loch luftdicht abgeschlossen hatte. Über das verwendete Geschoß bin ich mir nicht mehr ganz sicher, glaube jedoch, daß es 9,3 × 62 oder 9,3 × 74 war.
Über 21 Stunden nach dem Schuß lieferte uns der Hirsch mit diesem Schuß noch eine solche Hetze! Welch enorme Energie steckt doch in einem Brunfthirsch!

Zu früh geschnallt

In der Mittagsstunde klingelte das Telefon: Ein Jäger hatte morgens einen Rehbock beschossen, der die Kugel gut quittiert hatte und nach einem kleinen Halbkreis in der nahen Dickung verschwunden war. Wenig später war er mit seinem noch sehr jungen und unerfahrenen Drahthaar am Anschuß. Dort und auch in der Folge bis zum Dickungsrand lag reichlich Schweiß. Der Schütze schnallte seinen Hund am Dickungsrand – ein folgenschwerer Fehler, wie sich später heraustellen sollte – und wartete den weiteren Verlauf der Dinge ab. Nach wenigen Augenblicken wurde der Hund kurz laut, und dann klagte durchdringend ein Reh. Da dem Rüden aber wohl jede Erfahrung im Niederziehen fehlte, entkam ihm das Stück wieder; denn die Hetze ging nun jenseits aus der Dickung heraus talabwärts, immer wieder kurz unterbrochen von Standlaut und Klagen.

Nach einer Weile kam der Hund erschöpft und abgehetzt zurück. Der Schütze hatte aber inzwischen – einige 100 Meter von der Dickung entfernt – auf einer Straße einen Überwechsel des kranken Stückes gefunden. Es war unter einer Leitplanke durchgekrochen und schweißte recht stark. Soweit also die telefonische Information über den bisherigen Hergang.

Nun hatte ich nachmittags eine Holzvorweisung durchzuführen und erwartete abends einen Rehbock-Jagdgast. So fuhr ich also »mit der Uhr im Nacken« zu dieser Nachsuche und setzte meinen Jagdterrier »Birke vom Römerhof« an der Straße an, auf der der Schütze zuvor den Überwechsel gefunden hatte. Das war natürlich auch nicht richtig. Ausgangspunkt jeder Nachsuche soll und muß der Anschuß sein. Aber mir blieb selbst bei Mißachtung aller Geschwindigkeitsbeschränkungen bei Hin- und Rückfahrt wenig mehr als eine Stunde Zeit.

Birke arbeitete recht zügig die Wundfährte durch einen Eichenbestand, in dem wir wiederum eine Stelle fanden, wo der Drahthaar versucht hatte, das Stück festzuhalten. Rißhaare, Deckenfetzen und Wildpret lagen weit verstreut herum.

Die Fährte stand dann durch ein Fichtenstangenholz, in dem die Schweißkontrolle schon spärlicher wurde. Dann ging es hinaus auf eine Wiese, entlang eines verwachsenen Bachlaufes. Nach einigen 100 Metern standen wir vor einer kleinen Fichtendikkung. Birke wurde sehr heftig, arbeitete nur noch mit hoher Nase und wurde gar hin und wieder kurz laut, was bei so locker fährtelauten Hunden auf warmer Fährte oft vorkommt. So entschloß ich mich zum Schnallen. Im Handumdrehen war die Hündin in der Dickung verschwunden und auch schon giftig laut. Die kurze Hetze kam am jenseitigen Dickungsrand zum Stehen, und die kleine Terrierhündin gab Schlag auf Schlag Standlaut. Mit einem den Schützen und mich begleitenden Jäger war ich wenig später am »Ball« und traute meinen Augen nicht; Birke stellte eine hochbeschlagene Ricke, deren eine Keule völlig zerfetzt und die offensichtlich schwerkrank war. So blieb mir nichts weiter übrig, als den Fangschuß anzutragen. Als der Schütze wenig später dazukam, bekam er fast einen Herzinfarkt. Der Mann tat mir leid, er war völlig fertig und schwor unentwegt, er habe natürlich einen Bock beschossen und keine Ricke. Die Keule war allerdings so zerfetzt, daß nicht mehr festzustellen war, ob hier ein Schuß und der Hund oder nur der Hund »gewirkt« hatten.

Auf die dringenden Bitten des Schützen ging es nun im Laufschritt zurück zum Anschuß – was wir natürlich gleich hätten tun sollen. 50 Schritt in der Dickung lag der brave jagdbare Bock mit Tiefblattschuß und war längst verendet!

Was war geschehen? Der geschnallte Drahthaar war in der Dikkung an die hochbeschlagene Ricke gekommen und hatte sie wohl an einer Keule gepackt. Diese Ricke wurde von dem Rüden fast einen Kilometer gehetzt und mehrfach – offensichtlich immer nur an der Keule – gefaßt. Wäre der Schütze seinem Rüden am Riemen in die ausgesprochen »zahme« Douglasiendickung gefolgt, hätte er seinen Bock nach einer Minute gefunden.

So hart sind Sauen

Bei einer winterlichen Drückjagd wurde an einem Samstagnachmittag eine schwache Sau beschossen. Sie hatte sich nach dem Schuß klagend mehrfach um ihre eigene Achse gedreht und war dann in der angrenzenden Buchenjugend verschwunden. Die am nächsten Tag mit einem Deutsch-Kurzhaar aufgenommene Nachsuche wurde nach etwa 3 000 Metern im benachbarten Staatswald abgebrochen und aufgegeben. Über den Sitz der Kugel hatte man keine Klarheit gewinnen können.

Nun sind Hundeführer ja mitunter merkwürdige Leute. Der eigene Hund ist immer der beste. So war es wohl auch hier, der Hundeführer reagierte sauer, als von einem Nachsuchenteilnehmer der zaghafte Vorschlag gemacht wurde, die Fortsetzung dieser Suche einem Schweißhund zu übertragen. Die Sau sei ohnehin nicht zu bekommen, wurde mehr oder weniger überzeugend verkündet. Bei diesem Stand der Dinge blieb es zunächst.

Ich hatte zu diesem Zeitpunkt einen österreichischen Berufsjäger bei mir zu Gast, dem ich liebend gerne zu seiner ersten Sau verholfen hätte. Aber wie das in solchen Situationen immer geht, der verharschte Altschnee erlaubte kein verläßliches Kreisen mehr, und der heißersehnte Neuschnee blieb aus. So blieb uns keine andere Wahl, als trotz der unangenehmen Witterung Daueransitz auszuüben.

Am Sonntagnachmittag erreichte uns die Nachricht von dieser aufgegebenen Nachsuche. Wir witterten Morgenluft! Hier bot sich eine kleine Chance für meinen österreichischen Freund, doch noch eine deutsche Sau zu erlegen.

Schnell wurden alle möglicherweise von der bevorstehenden Nachsuche betroffenen Reviere benachrichtigt, und wir rüsteten uns für den folgenden Tag. An diesem Sonntag war es für eine Fortsetzung der Suche ohnehin zu spät.

40 Stunden war die zweimal überfrorene und verregnete Fährte alt, als wir am Montagmorgen Pascha dort zur Fährte legten, wo der DK tags zuvor nicht mehr weitergekommen war. Langsam und bedächtig arbeitete Pascha die Fährte, Schweiß wurde zunächst keiner mehr gefunden. Die verharschte Altschneedecke

bot jedoch auf größeren Strecken wenigstens eine gewisse Kontrolle, daß wir eine Saufährte arbeiteten.

Dina wurde von meinem Freund nachgeführt. Schon waren wir im Nachbarforstamt und suchten in eine große Dickung hinein, als unmittelbar vor dem Hund ein Hirsch fortflüchtete. Pascha hob kaum den Kopf, zäh hing er an seiner Fährte, in der wir dort, wo die Sau in der Dickung durch höhere Schneereste gezogen war, verwaschenen und verschmierten Schweiß fanden. Schließlich arbeitete er aus der Dickung hinaus in ein Fichtenaltholz, in dem kein Schnee mehr lag. Eine Kontrolle war von da ab zunächst nicht mehr möglich, wir konnten uns nur noch blind auf den Hund verlassen.

Aus dem Altholz heraus stand die Fährte über eine mannshohe Fichtenkultur, in der wir dann auch wieder etwas Schweiß fanden, der jedoch an höheren Schneepolstern abgestreift und nur bei sehr genauem Hinsehen als gelber Schatten erkennbar war. Von dort ging es in ein Buchenstangenholz mit zahlreichen Schneebruchhorsten. Hier hatte sich die Sau häufig widergangen und auch schon mehrfach alte Kessel angenommen. 5,5 Kilometer Riemenarbeit lagen hinter uns. Ich rechnete damit, daß die Sau irgendwo in einem dieser »Naturkessel« sitzen würde. Mein Freund war über die bisher von Pascha gezeigte Leistung hell begeistert. Er selbst führte ja schon seit vielen Jahren Schweißhunde und konnte das daher gut beurteilen.

Ich bat ihn, mit Dina nun dicht hinter mir zu bleiben. Wieder lag ein etwa 10 × 15 Meter großer Schneebruchhorst vor uns. Durcharbeiten konnten wir nicht, also mußten wir umschlagen. Beide Hunde wurden sehr heftig, und wir selbst hatten plötzlich frische Sauwitterung in der Nase. Drei Viertel hatten wir den Horst schon umrundet, da stand die nagelfrische Fluchtfährte der Sau mit Schweiß aus dem Horst heraus. Nun kam nur noch sofortiges Schnallen in Frage. Beide Hunde schossen davon und wurden schon wenig später laut. Sekunden später sehen wir die Sau hochflüchtig zurückkommen, dichtgefolgt von beiden Hunden. Ehe an einen Schuß zu denken war, war die Sau wieder in »ihrem« Horst verschwunden. Beide Hunde bedrängten sie hart, ein Fangschuß war aber so nicht anzubringen. Ich drückte

meinem Freund meine Nachsuchenbüchse in die Hand und verdrückte mich selbst hinter einige dickere Buchen. Von der Seite erstieg er den zusammengebrochenen Horst, arbeitete sich von oben an die Sau heran und konnte schießlich nach einer ganzen Weile den Fangschuß von oben auf den Hals setzen.
Etwa 42 Stunden nach dem Schuß war ein Frischling von rund 25 kg zur Strecke, nach 5,5 Kilometern Riemenarbeit und 200 Metern Hetze. Die Kugel vom Samstag hatte der Sau eine Keule spitz von hinten zerschlagen. Das Geschoß hatte offenbar auf dem oberen Keulengelenk aufgesetzt, dieses zersplittert und war dann wohl abgeprallt.

Die Silvestersau

Einen Tag vor Silvester, am 30. Dezember, hatte mein Freund P. abends in dichtem Schneetreiben eine Sau beschossen. Wie er am Anschuß feststellte, war die Sau »fast« unterschossen, es lagen jedoch einige Schnittborsten sowie etwas Schweiß am Anschuß. Hinter der Sau war der Kugeleinschlag im Schnee deutlich zu sehen. Er konnte an diesem Abend noch feststellen, daß die Sau eine große Dickung offensichtlich nicht verlassen hatte. Am nächsten Morgen war die Fährte handbreit überschneit.
Wir umschlugen die Dickung, konnten aber keinen Auswechsel finden. Wohl waren gesunde Sauen und auch Rotwild überall gewechselt. Also legte ich Pascha am Einwechsel zur Fährte, und mein Kollege H. H. führte Dina nach. Einige 100 Gänge in der Dickung war ein größerer Schneebruchhorst, der ein ideales Dach für einen Saukessel bildete. Kaum war Pascha eine halbe Riemenlänge darin verschwunden, sehe ich rechts von mir und dem Hund eine Sau hochflüchtig den Kessel verlassen. Pascha wollte wohl zurückkommen, da streifte er sich an den Ästen die Halsung über den Kopf und war im Nu hinter der Sau. Während wir noch nach Schweiß suchten, verließen weitere Sauen diesen »Familienkessel«. Nach wenigen Minuten kam Pascha jedoch zurück und schloff mit größter Selbstverständlichkeit wieder in seine Halsung. Also war die gehetzte Sau mit Sicherheit gesund.

Da wir schon seit dem Einwechsel keine Schweißbestätigung mehr hatten, entschlossen wir uns, nach diesem unerwünschten Zwischenspiel die Dickung nochmals zu umschlagen und jede Fährte genau zu kontrollieren. Wir hatten mit unseren beiden Hunden die Dickung schon drei Viertel umrundet, als vor uns eine frisch schweißende Saufährte hochflüchtig aus der Dickung stand. Also hatte die kranke Sau doch bei den gesunden Sauen gesessen oder sich doch zumindest in deren Nähe gesteckt.
Da hoher Schnee eine Folge sehr erleichterte, schnallten wir à tempo beide Hunde. Dina schoß wie ein roter Pfeil davon, gefolgt von dem wesentlich langsameren Rüden.
Während Pascha in jungen Jahren verläßlich fährtenlaut jagte, hetzte Dina nur sichtlaut. Wohl gab sie ab und zu »aus Sympathie« laut, wenn sie zusammen mit dem Rüden geschnallt wurde und Pascha »vom Fleck weg« losläutete. Sie fing sonst erst an zu keifen, wenn das gehetzte Stück auf Sicht vor ihr war.
Beide Hunde waren im angrenzenden schneeverhangenen Buchenstangenholz verschwunden, und nichts war mehr zu hören. Schnell waren die beiden Kollegen herbeigerufen, von denen einer einen Jeep hatte. Kollege H. sollte dort bleiben, wo wir geschnallt hatten, wir wollten versuchen, mit dem Geländewagen auf den zugeschneiten Waldwegen der Sau und beiden Hunden über die »Pfaffenstraße« ins angrenzende Forstamt D. zu folgen. Durch weiträumiges Umfahren stellten wir fest, daß Sau und Hunde zunächst in das sogenannte »Singende Tal« geflüchtet bzw. gehetzt waren, um dann im spitzen Winkel wieder der Höhe zuzustreben. Am Fährtenbild war auch deutlich zu sehen, daß Dina immer versuchte, die Sau in die Keulen zu zwicken. Ausgerissene Borsten und Stellen, wo die Sau die Hunde abwehrte und sich gestellt hatte, wurden immer häufiger.
Annähernd fünf Kilometer waren wir nun schon gefolgt, als wir endlich aus einer Dickung den gedämpften Laut beider Hunde hörten.
Beim Angehen mußte ich zunächst einmal durch ein Rudel Kahlwild pirschen, das im Halbkreis um den Standlaut herumstand und interessiert den Keif verfolgte. Das Rudel flüchtete natürlich und nahm die kranke Sau ein Stück mit. Wenig später stellten die

Hunde erneut. Ich kam auf kurze Strecke heran und sah schließlich Dina, die etwa zwei Schritt verbellend vor der Sau stand. Die Sau stand scheibenbreit. Pascha hörte ich auch, konnte jedoch von ihm nichts entdecken. Ich glaubte jedoch, daß er hinter der Hündin stehen würde. Ich schoß also auf die Sau und hörte im gleichen Moment den Rüden heftig aufklagen. Die Sau flüchtete nach dem Schuß weiter, und mir fiel ein Stein vom Herzen, als ich wieder beide Hunde hetzen hörte. Nach 60 Gängen trat dann für einen Moment Ruhe ein, dann hörte ich Dina wütend knurren und geifern. Ich rannte hin und mußte sofort einschreiten; beide Hunde rauften an der dort verendet zusammengebrochenen Sau, daß die Fetzen flogen. Über Paschas Rücken klaffte eine tiefe, breite Wunde, die heftig schweißte. Dina hatte wohl sofort gemerkt, daß mit dem Rüden irgend etwas nicht stimmte, und nutzte ihre Chance sofort aus. Sonst war es eigentlich immer so gewesen, daß ich die Hündin vor dem älteren und stärkeren Rüden in Schutz nehmen mußte, wenn der Fangschuß gefallen war.

Wie die spätere Rekonstruktion ergab, hatte die Sau den Fangschuß voll erhalten. Pascha stand jedoch schräg hinter der Sau, und ein Geschoßsplitter aus dem Ausschuß riß ihm die klaffende Wunde über den Rücken. Millimeter tiefer wäre das Rückgrat getroffen worden.

Wegen des strengen Frostes kippten wir eine Jagdflasche Schnaps, die eigentlich nicht für äußerliche Anwendung gedacht war, in die Wunde. Ich fuhr Pascha stehenden Fußes zum Tierarzt, der die Wunde vernähte.

Dina weigerte sich, »ihre« Sau zu verlassen. Ich war mit dem Rüden außerdem so beschäftigt, daß ich mich nicht um sie kümmern konnte. Außerdem wäre es nicht möglich gewesen, beide Hunde zusammen in ein Auto zu nehmen. So mußte Kollege P. am Nachmittag die Hündin zu mir nach Hause bringen, wo ich inzwischen mit dem genähten Rüden auch eingetroffen war. Es war noch einmal gutgegangen.

Die Sau hatte übrigens einen Streifschuß, ein Geschoßsplitter hatte jedoch die Milz getroffen, die entzündet und erheblich vergrößert war.

Paschas Ende

Es war gegen Ende Januar, und mein Freund und Kollege P. hatte noch ein großes Loch in seiner Gefriertruhe, in das genau ein Stück Rotwild hineinpaßte. So beschoß er abends einen geringen Spießer; wegen der dort geringsten Wildpretzerstörung setzte er ihm die Kugel auf den Träger. Im Knall hatte der Hirsch gelegen, war aber sofort wieder hochgeworden und in der angrenzenden Dickung verschwunden.

Am nächsten Morgen war die Fährte handhoch überschneit, und immer noch fielen dicke Flocken. Ohne jeden Anhaltspunkt arbeiteten wir die unsichtbare Fährte in die Dickung, und so kam es auch, daß ich Pascha schnallte, als Wild vor uns wegbrach. Es war aber ein Tier mit Kalb und nicht der beschossene Knubbenspießer. Pascha blieb recht lange aus und kam erst nach einer ganzen Weile von dieser Fehlhetze zurück. Wir waren uns eigentlich schon darüber im klaren, daß dieser Hirsch kaum zu haben sein würde. Nach der Mittagspause beschlossen wir dennoch, es noch einmal zu versuchen. Hätten wir es doch gelassen!

Strahlender Sonnenschein und eine hohe, unberührte Neuschneedecke hatten wohl auch das Ihrige zu unserer Entscheidung beigetragen. Ich legte Pascha erneut am Anschuß zur Fährte, wieder arbeitete er die unsichtbare Fährte in die Dikkung. Dort machte er einen scharfen Haken bergauf, und nach weiteren 100 Gängen brach es erneut vor uns. Sekunden später standen wir an einem Bett, in dem frischer Schweiß lag! Der Schweiß war verspritzt, beim Hochwerden waren kleine Schweißtropfen in Mannshöhe auf den verschneiten Ästen hängengeblieben.

Wie ein Pfeil schoß der Rüde davon und wurde auf der angrenzenden Kulturfläche laut. Ich rannte hinterher und sah noch Hirsch und Hund hangabwärts in einem Buchenaltholz verschwinden. Der Hirsch war hochflüchtig und machte keineswegs einen kranken Eindruck. Ich lief zu Fuß hinterher, P. setzte sich in sein Auto und versuchte, sich der Hetze vorzuwerfen, er war ja dort zu Hause und kannte jeden Weg und Steg.

Nach etwa sechs bis sieben Kilometer gab Pascha schließlich die

Hetze auf. Er hatte wohl eingesehen, daß er den Hirsch niemals einholen konnte, der nur einen Streifschuß am Träger hatte. Dort, wo er aufgab, hatte ein Holzrücker Langholz aus einem Bestand gerückt. Dies veranlaßte ihn wohl, nicht auf seiner Spur zurückzukommen, sondern den breit ausgefahrenen Gleisen zu folgen. P. konnte dort mit seinem VW nicht folgen, wollte er nicht Gefahr laufen, sich rettungslos festzufahren. So trafen wir uns wieder und fuhren in das nahe Dorf, um dort den Jagdpächter zu verständigen. Dieser erbot sich auch sofort, uns bei der Suche nach dem Hund behilflich zu sein. Ein weiterer ortskundiger Jäger stieß ebenfalls noch zu uns. So waren wir inzwischen zu viert und versuchten, von der Gegenseite her die Hundespur zu finden. Pascha hatte ja die Richtung auf das Dorf eingeschlagen und war sicher auf den festen Wegen geblieben. Auch er war sicher todmüde und marschierte den Weg des geringsten Widerstandes – also bergab.

Wir befanden uns nahe der Grenze zum Nachbarrevier – bereits im Saargebiet –, als wir Paschas Spur an einigen Wochenendhäusern wiederfanden. Von diesen Häusern aus war er einem Weg gefolgt, der in das saarländische Nachbarrevier zu dem Ort Eisen führte. 200 Gänge vom Waldrand entfernt – ebensoweit war es von dort zum Dorf – parkte am Wegrand ein Auto. Pascha hatte das Auto mehrfach umkreist und war der Spur des Jägers, der unweit auf einem Hochsitz wohl auf Sauen ansaß, gefolgt. Aus den Spuren ging jedoch auch hervor, daß dieser Jäger zu seinem Auto zurückgekommen war. Zwei Spuren standen in Richtung Hochsitz, eine Spur vom Hochsitz zum Auto. Ich hatte schon ein merkwürdiges Gefühl in der Magengegend, als meine Begleiter den ihnen bekannten Jäger anriefen. Er gab auch sofort Antwort und kam uns dann entgegen. Auf die Frage von P., ob er nicht einen Schweißhund gesehen habe, sagte er sofort, er habe einen Schweißhund erschossen! Den Hund habe er zu seinem Auto getragen, ihn dort in Plastiksäcke verstaut und sich wieder auf den Hochsitz begeben.

Ich erspare es mir, wiederzugeben, was sich an Ort und Stelle und erst recht bei mir zu Hause abspielte, als ich spät nachts ohne Hund dort eintraf.

Am nächsten Tag habe ich Pascha in meinem Revier neben der Jagdhütte begraben. Wie oft war ich mit ihm von dieser Stelle aus zur Pirsch oder zum Ansitz, hin und wieder auch zur Nachsuche aufgebrochen.
Pascha war am 15. 4. 1963 geworfen worden und endete durch die Kugel eines Jägers am 25 1. 1972. Unter erschwerenden Umständen – kurze Totsuchen unter 200 Meter nicht mitgerechnet – kamen mit seiner Hilfe zur Strecke: 67 Stück Rotwild und 17 Sauen. Von diesen 84 Stück Hochwild erforderten 47 eine Hetze, ehe sie zur Strecke kamen. Bei 23 Nachsuchen war vorher bereits vergeblich mit anderen Hunden gesucht worden.
Der materielle Verlust wurde von der Jagdhaftpflicht des Schützen bezahlt. Den ideellen Verlust für mich, meine Familie und viele Jäger in Hunsrück und Eifel, an Mosel und Nahe kann niemand ersetzen. Der Versuch von seiten der örtlichen Jagdorganisationen, durch eine einstweilige Verfügung die Entziehung des Jagdscheines des Schützen zu erwirken, scheiterte. So blieb also jegliche Art der Bestrafung aus.

Zwei Nachsuchen auf die gleiche Sau

Am Sonntag, dem 3. Juli, holte mich das Telefon frühmorgens aus den Federn. Ein Jagdpächter erzählte mir, daß er abends vorher eine starke Sau beschossen habe, die ich doch bitte nachsuchen solle. Die Sau habe im Knall gelegen, geschlegelt, sei dann wieder hochgeworden und nach wenigen Fluchten zusammengebrochen. Sie sei dann erneut auf die Läufe gekommen und zunächst schwankend und unsicher, dann aber immer schneller in der nahen Dickung verschwunden.
Schon am Telefon sagte ich dem Schützen, daß ich nach seiner Schilderung einen Krellschuß vermute und daß die Chancen, die Sau zur Strecke zu bringen, gering seien.
Eine Stunde später war ich mit meiner Gilka am Anschuß. Dort lag recht viel Schweiß und auch Wildpret, allerdings keine Borsten, so genau ich auch suchte. Gilka nahm die Fährte zügig auf und führte – immer Schweiß verweisend – in die nahe Dickung.

Dort hörte der Schweiß bald auf und fand sich in der Folge nur noch abgestreift an der Unterseite von Fichtenästen, unter denen die Sau durchgezogen war. Nach der Höhe des abgestreiften Schweißes mußte es sich um eine recht starke Sau handeln. Ein Trittsiegel fand sich in dem staubtrockenen und harten Boden allerdings nirgends.
Die Sau war kreuz und quer in der Dickung umhergezogen und hatte diese schließlich talwärts verlassen. Hier hörte dann auch jede Kontrolle auf. Gilka hatte in der Folge Mühe, den roten Faden zu behalten, Rotwild war überall umhergezogen, und Sauen hatten in der Nacht streckenweise die Fährte umgedreht.
Schließlich landeten wir an einem breiten Bach, aber auch hier an den Blättern der Pestwurz und der sonstigen Uferflora fanden wir keine Bestätigung mehr.
Da dieser Bachlauf auch Reviergrenze ist, gaben wir hier die Nachsuche auf. Etwa 1,5 Kilometer Riemenarbeit lagen hinter uns, von denen etwa ein Kilometer kontrollierbar war. Auf der ganzen Strecke kein Hinweis, daß die Sau ernsthaft krank war.
Vier Tage später, am 7. Juli, holte mich das Telefon kurz vor Mitternacht aus dem ersten Tiefschlaf. Diesmal war es der Jagdaufseher des Nachbarreviers, an dessen Grenze die Nachsuche am 3. Juli aufgegeben worden war. Er erzählte mir, daß ein Jäger abends im letzten Licht eine starke Sau beschossen habe, die sicher in der angrenzenden Dickung verendet liegen würde. Er bat mich, doch möglichst sofort die Sau nachzusuchen, weil sonst bei der herrschenden Hitze wahrscheinlich am nächsten Morgen nichts mehr zu verwerten sei. Das kam ja nun überhaupt nicht in Frage, ich sagte ihm das auch ganz klar. Nachsuche ja, aber erst bei Helligkeit am nächsten Morgen.
Nach einem stark verkürzten Schlaf holte mich der Wecker kurz nach 3 Uhr aus den Federn, und nach einem kurzen Frühstück ging es mit Hund und den üblichen Nachsuch-Utensilien ab. Am vereinbarten Treffpunkt erwarteten mich vier Jäger, darunter der Schütze, der noch weniger geschlafen hatte als ich. Bei vollem Büchsenlicht waren wir am Anschuß, aber so eifrig wir auch suchten, wir fanden überhaupt nichts. Erst in der angrenzenden Fichtendickung verwies der Hund den ersten Schweiß,

und der sah ganz so aus, als sei er an einem Lauf heruntergelaufen.
Nun hatte man natürlich in der stockdunklen Nacht bereits ohne Hund die Sau gesucht und dabei die Fährte vertreten und sicher auch Schweiß verschleppt. So etwas erschwert nicht nur dem Hund die Arbeit, es ist auch bei stärkeren Sauen sicher nicht ungefährlich. Schon mancher Jäger wurde in dunkler Dickung sogar von einem *Frischling* über den Haufen gerannt. Hier jedenfalls hatte Gilka anfänglich Mühe, die Fährte genau zu halten; erst von der Stelle an, wo man die nächtliche Verfolgung aufgegeben hatte, ging die Riemenarbeit zügiger voran.
Wie man mir jetzt gestand, hatte man die offenbar schwerkranke Sau bei der mitternächtlichen Verfolgung immer gehört, man hatte sie natürlich in der völligen Dunkelheit nicht sehen können. So konnte ich aber damit rechnen, daß die Sau bald ins Wundbett gegangen war, als die Verfolger aufgegeben hatten.
Die Sau war zunächst durch eine Fichtendickung gezogen, hatte dann einen lichten Eichenniederwald durchquert und war dann in eine dichte Fichtenkultur gezogen, in der Brombeere und Ginster den Fichten und auch mir das Leben schwermachten. Die Hoffnung, daß die Sau hier stecken würde, erfüllte sich nicht. Sie war auch hier durchgewechselt und in den angrenzenden Niederwald gezogen.
Kaum hatten wir diese dichte Partie verlassen, da rief der hinter mir gehende Jäger: »Da vorne liegt ja die Sau!« Ich hatte – wie mein Hund – meine Nase so am Boden gehabt, daß ich den großen schwarzen Klumpen nicht gesehen hatte. Die Sau schien verendet, sie lag auf dem Rücken, die Läufe in der Luft! Nun wollte ich natürlich den Hund bis ans Stück auf der Fährte arbeiten lassen, da auch Gilka bisher von der Sau nichts gemerkt hatte.
So waren wir vielleicht auf 20 Gänge an die Sau herangekommen, als diese mit einem gewaltigen Aufbäumen auf die Läufe kam und sehr flüchtig abging. Nach einer ausgiebigen Schrecksekunde schoß ich noch eine Kugel hinterher, die allerdings in die Botanik ging. Dabei entwischte mir der Schweißriemen, und es passierte, was eigentlich niemals passieren darf: Der Hund hetzte mit dem langen Riemen an der Halsung die Sau!

Ich brüllte den Hund an, was die Lungen hergaben, und hatte auch Erfolg; Gilka blieb nach vielleicht 50 Gängen stehen, wohl auch gezwungenermaßen deshalb, weil sich der Riemen festgehakt hatte. So konnte ich schnell die Halsung lösen und die Hündin – diesmal ohne Fessel – auf die Reise schicken. Nach etwa 150 Gängen scharfer Hetze dann Standlaut. Ich kam recht gut an die gestellte Sau heran und wurde auch eine Kugel los, die der Keiler – ein recht braver, etwa Vierjähriger, wie ich jetzt feststellen konnte – auch quittierte. Aber schwerkranke Sauen können unheimlich viel verdauen, das merkte ich hier schon zum wiederholten Male.
Gilka machte nun den beinah für sie tödlichen Fehler, den Wutz von unten her zu verbellen; dieser letzte Akt spielte sich in einem recht steilen Eicheniederwald auf glatten Schieferplatten ab. Noch ehe ich einen weiteren Fangschuß antragen konnte, warf sich die Sau herum und nahm in höllischer Fahrt die Hündin an. Statt nun seitwärts auszuweichen, rannte sie um ihr Leben in gerader Fallinie abwärts und wich erst vor einer stärkeren Eiche seitwärts aus. Der Keiler konnte nicht mehr so schnell korrigieren und prallte gegen den Baum. Wäre die Hündin nicht ausgewichen, sie hätte den Aufprall des Keilers an der Eiche wohl kaum überlebt.
Mir hatte der Atem gestockt. Halbspitz von vorne setzte ich der Sau die nächste Kugel auf den Blattschaufelrand, der Keiler kippte förmlich um und schien verendet. So rutschte ich von oben her an die Sau heran und war vielleicht noch drei Schritte entfernt, als sie abermals hochwurde und mich anzunehmen versuchte. Aber das war wohl nur noch ein letztes Aufbäumen, ich lief schnell ein paar Schritte hangaufwärts und war aus dem Gefahrenbereich. Gilka wurde immer mutiger, sie merkte wohl auch, daß der Keiler am Ende war. Noch bevor ich ein weiteres Mal schießen konnte, geriet der Keiler ins Rutschen, überschlug sich im Steilhang mehrfach, nahm dann im freien Fall eine Wegeböschung und schlug auf dem Horizontalweg verendet auf.
Die Kugel vom Vorabend hatte einen Vorderlauf sehr hoch durchschlagen und auch Splitter in die Lunge abgegeben. Von mir hatten zwei Fangschüsse ihr Ziel erreicht. – Und dann hatte

der Keiler noch einen Krellschuß hinter den Tellern, der einige Tage alt war.
Sauen dieser Stärke sind auch an der Mosel selten. Die Nachsuchen vom 3. und vom 8. Juli fanden in unmittelbar aneinandergrenzenden Revieren statt. Ich bin sicher, daß der am 8. Juli zur Strecke gebrachte Keiler identisch ist mit der Sau, die ich am 3. Juli vergeblich nachgesucht hatte.

Trügerischer Kugelschlag

Im Frühsommer 1980 fand ich in meinem Revier die Abwurfstange eines braven Vierzehnenders. Ich kannte den Hirsch aus der Brunft 1979 und schätzte sein Alter auf den 9. Kopf. In der Brunft 1980 sollte unser Forstamtsleiter diesen Hirsch schießen, aber es klappte nicht. Ab Mitte der Brunft war dann dieser Hirsch von seinem Stammbrunftplatz verschwunden. Ich hatte ihn sowohl in der Feiste wie in der Brunft etliche Male gesehen, er hatte sich gegenüber dem Vorjahr wenig verändert, allenfalls waren die Stangen ein wenig dicker geworden.
Die Brunft war längst zu Ende. Ich saß abends an, um ein Stück Kahlwild zu erlegen. Das Büchsenlicht ging schon seinem Ende entgegen, da fiel bei meinem Nachbarn ein Schuß. Der deutlich zu hörende Kugelschlag war derart hell und klatschend, daß ich sofort auf einen Laufschuß tippte.
Während des Abendessens läutete dann auch erwartungsgemäß das Telefon. Es war mein Nachbarkollege, der – wie ich wußte – immer noch auf seinen »Pensionshirsch« jagte. Er erzählte, es sei ihm ein guter und alter Zwölfer gekommen. Im Schuß sei der Hirsch zwei Schritte rückwärts gezogen – wie ein Lipizzaner in der spanischen Hofreitschule in Wien –, habe sich dann herumgeworfen und sei im angrenzenden Stangenholz verschwunden. Wir vereinbarten die Nachsuche für den nächsten Morgen.
Ich hatte wiederum beide Hunde mitgenommen. Auf dem Anschuß konnte ich absolut nichts finden. Kollege O. wollte meine Vermutung bezüglich eines Laufschusses nicht teilen; er sei allenfalls etwas weit hinten und tief abgekommen.

20 Gänge hinter dem Anschuß fand ich aber dann den Kugelriß und einen zerschossenen, faustgroßen Kieselstein. Mir dämmerte, daß der helle, klatschende Kugelschlag auch vom Auftreffen der Kugel auf diesen Stein herrühren konnte.
Gilka wurde zur Fährte gelegt, sie untersuchte eingehend den Anschuß und folgte dann der Fährte in das Stangenholz. Wenig später der erste Schweiß, wie mir schien dunkel und ein wenig schmutzig. Er roch nach Pansen! In einem weiten Bogen arbeitete Gilka die Fährte in Richtung einer großen und als Einstand sehr beliebten Dickung. Kaum waren wir in die Dickung eingetaucht, da wurde Gilka (und auch die nachgeführte Cosi) sehr heftig, und wir hatten deutlich »Hirschwittrung« in der Nase. Da, vor mir auf einem Brombeerblatt, nagelfrischer Schweiß! Beide Hunde wurden geschnallt und waren im Nu verschwunden.
Bereits nach 50 Gängen Standlaut. Ich vergatterte meine Hintermannschaft, unter allen Umständen an Ort und Stelle zu bleiben und nicht etwa zu folgen. Mit der schußbereiten Büchse ging ich den Standlaut an und sah in den Lärchenstangen den Hirsch. Er schlug nach den Hunden und zog dabei auf eine lichte Stelle – dort stand mein alter Bekannter aus den letzten beiden Brunften, einer der wenigen Hirsche, die in meinem Revier auch außerhalb der Brunft ihren Einstand hatten, »mein« Vierzehnender! Kollege O. hatte ihn subjektiv richtig als Zwölfer angesprochen, denn er hatte sich beide Eissprossen abgekämpft.
Es fiel mir zum erstenmal schwer, auf einen kranken Hirsch zu schießen, und ich kam mir richtig sentimental vor. Aber es mußte sein. Ich setzte ihm die Kugel hochblatt, er brach im Knall zusammen. Sofort aber war er wieder auf den Läufen und ging hochflüchtig ab, gefolgt von beiden Hunden. Am Rande der Dickung brach er dann endgültig zusammen.
Die Kugel vom Vorabend hatte den Pansen sehr tief durchschossen, vielleicht zwei Fingerbreit oberhalb des Nabels. Die Länge der Riemenarbeit betrug etwa einen halben Kilometer, die Hetze knapp 100 Meter.

Ein dickes Ende

Der Winter 1981/82 hatte es in sich. Selbst hier im warmen Moseltal lag wochenlang Schnee, und die Moseljäger konnten ihrer liebsten Beschäftigung ausgiebig frönen: Sauen jagen! So wurden anläßlich einer Jagd im Dezember in einem schwarzwildgesegneten Moselrevier einige Sauen erlegt, und eine mittlere Sau wurde angeschweißt. Der Schweiß lag dünn und rechts der Fährte auf den Schnee gesprüht.

Am nächsten Tag begann die Nachsuche. Ich hatte diesmal nur Gilka mitgenommen, weil kein jüngerer und belastbarer Jäger zur Verfügung stand, der Cosi hätte nachführen können. Durch Dickungen und Althölzer, hangauf und hangab stand die Wundfährte viele Kilometer durch die steilen Moselhänge, und immer noch kein Wundbett. Wir waren schon längst im Nachbarrevier, dessen Pächter jedoch vorsichtshalber bereits am Vorabend verständigt worden war. So gab es dort keinen Aufenthalt. Schließlich zeigte die Sau doch schon Ermüdungserscheinungen, einige Male versuchte sie sich unter Ginsterbüsche einzuschieben. Aber alle Wundbetten waren kalt, die Sau hatte sich nirgendwo lange gesteckt.

Dann standen wir vor einer nicht sonderlich großen, aber sehr dichten Douglasien-Dickung. Um diese Dickung herum stand ein noch leidlich intaktes Gatter. Zwar hatte die Sau zielsicher ein Loch im Zaun zum Einwechseln gefunden, aber wir hatten nun doch die große Hoffnung, daß sie hier stecken würde. Ein Umschlagen ergab dann auch, daß keine Wundfährte aus dem Gatter hinausführte.

Ich entschloß mich nun, Gilka am Einwechsel zu schnallen. Ich bin nicht sehr ängstlich, aber der Gedanke, in diesem dichten Douglasien-Brombeer-Dornen-Verhau von der kranken Sau angenommen zu werden, war durchaus nicht verlockend.

Gilka verschwand im Dichten. Nach einer halben Minute dann ein richtiger Aufschrei der Hündin, kurzer Standlaut, der dann aber hangaufwärts in Hetzlaut überging. Am oberen Dickungsrand dann wieder Standlaut, dann ein Tumult von blasenden Sauen und Hundelaut. Nach Sekunden der Stille dann wieder

Hetzlaut – schon weit oberhalb des Gatters im hohen Holz. Die Hetze entfernte sich schnell und kam uns bald aus dem Ohr. Nach dem vergeblichen Versuch, noch Anschluß an die Hetze zu bekommen, suchte ich dann den Auswechsel von Sau und Hund an der Oberseite des Gatters. Den fand ich auch – nur war hier völlig eindeutig festzustellen, daß Gilka an mindestens zwei stärkeren und offenbar völlig gesunden Sauen jagte.

Nach langer Zeit kam Gilka ziemlich ausgepumpt zurück. Auch wir hatten eine Pause nötig, es war längst schon über Mittag, und der Magen meldete sich. Aber ein Mittagessen mußte leider mangels Masse ausfallen, so behalfen wir uns mit Schnaps, der dem Magen eine gewisse Füllung und dem Körper etwas Wärme vortäuschte.

Nun arbeitete ich mit Gilka die Fährte vom Einwechsel in das Gatter nochmals am Riemen. Wenig später standen wir vor dem Wundlager, aus dem die Hündin die Sau hinausgeschmissen hatte. Die Hetzfährte stand – dies hatten wir ja deutlich mit dem Ohr verfolgen können – nun steil hangaufwärts bis in eine rechtwinklige Gatterecke. Unmittelbar vor dieser Gatterecke durchquerte die Hetzfährte dann den noch dampfenden Kessel, in dem die beiden gesunden Sauen gesessen hatten. In der Gatterecke hatten sich dann die drei Sauen und der Hund zusammengefunden, hier hatte es den lautstarken Tumult gegeben. Während aber die beiden gesunden Sauen einfach durch den schon rostigen Draht nach außen gestürmt waren, war die kranke Sau nach unten zurückgewechselt. Gilka konnte wohl in der Eile die Sauen nicht so schnell auseinanderdividieren und war den beiden gesunden gefolgt.

Beim nochmaligen Umschlagen des Gatters fanden wir den Auswechsel der kranken Sau. Auch sie war nach oben weggeflüchtet, aber 50 Gänge neben den Fährten der gesunden Sauen. Also legte ich Gilka dort zur Fährte, und die Folge ging weiter. Meine beiden Begleiter – beide über 60 Jahre jung – zeigten eine Kondition, die beneidenswert war. Ich wünschte mir damals, in diesem Alter auch noch so topfit zu sein.

Der Schweiß in der Wundfährte war selten geworden. Sicher war die Wunde durch den Schnee und den Frost zugeeist. Nach wei-

ter Folge durch Althölzer dann ein kleiner, aber dichter Douglasienkopf. Vorsichtshalber schickte ich meine Begleiter vor mit der Bitte, sich nach Gefühl vorzustellen. Nach der vereinbarten Zeit ließ ich Gilka weiterarbeiten. Unter den tiefbeasteten Bäumen begann sie plötzlich zu pirschen, ein sicheres Zeichen, daß das kranke Stück unmittelbar vor ihr ist. Ich enterte mich am Riemen vor und nahm ihr die Halsung ab. Im gleichen Augenblick fiel draußen – vielleicht 200 Gänge vor uns – ein Schuß. Fährtenlaut folgte Gilka der frischen Fluchtfährte, aber ihr Laut verschwand wiederum in weiter Ferne.
Die Sau war hochflüchtig einem meiner vorgestellten Begleiter gekommen, die Kugel aber in der Eile in die Botanik gegangen. Gilka kam bald zurück, sie war auch nicht mehr in Hochfrom, und die sieben Stunden Folge und die erste Hetze hatten bei ihr schon Spuren hinterlassen.
Was blieb uns anderes übrig, als am Riemen weiterzuarbeiten. Es war schon gegen Abend, als wir wiederum vor einer augenscheinlich ausgedehnten Dickung standen, in die die Wundfährte hineinstand. Hier gaben wir für diesen Tag auf, es ging einfach nichts mehr. Was hätten wir mit einer weiteren Folge an diesem Tag erreicht? Die Sau wäre wiederum von uns aufgemüdet worden, und Gilka hätte sie wiederum nicht zum Stellen gebracht, dazu war auch sie viel zu müde.
15 bis 20 Kilometer waren wir an diesem Tag der kranken Sau gefolgt. Aus dem Moseltal waren wir inzwischen auf dem Hunsrückplateau gelandet, ein Höhenunterschied von einigen hundert Metern.
Am nächsten Morgen hatte sich ein kriegsstarkes Bataillon von Jägern eingefunden, das uns helfen wollte. Man hatte auch bereits festgestellt, daß die kranke Sau die Dickung wieder verlassen hatte, in die sie am Vortag eingewechselt war. Ein Jäger war der Wundfährte gefolgt bis an ein Douglasien-Gatter. Dort war die kranke Sau durch ein Loch eingewechselt, und man hatte durch Umschlagen festgestellt, daß sie dort steckte.
Wir hatten so viele Schützen beisammen, daß wir das recht übersichtliche Gatter lückenlos abstellen konnten. Das Drama näherte sich seinem Ende. Aber es war ein dickes Ende!

Gilka legte sich heftig in den Riemen und folgte ungestüm der ihr ja schon sattsam bekannten Fährtenwittrung. Ein Begleiter ohne Waffe führte Cosi nach, die ich an diesem zweiten Tag mitgenommen hatte. Wir mochten vielleicht 50 Gänge der Fährte im Gatter gefolgt sein, da nahm die Sau aus kürzester Entfernung an. Sie schlug Gilka in die Rippen, daß es dröhnte, und war eine halbe Sekunde später auch an mir. Es war keine Zeit, den Nachsuchenkarabiner vom Rücken zu bekommen. (In diesem kleinen Gatter, wo die Sau stecken mußte, wäre es sicher gesünder gewesen, die Waffe gefechtsbereit in der Hand zu halten!) Die Sau schlug mir gegen den rechten Innenknöchel, ich verlor den Stand und rutschte fast unter die Sau. Ich muß sagen, aus dieser Perspektive sieht auch eine Sau von »nur« einem Zentner ziemlich gewaltig aus. Ich muß erbärmlich geschrien haben – wie man mir nachher erzählte –; jedenfalls ließ die Sau sofort von mir ab und verschwand in den Douglasien.

Ich rappelte mich hoch und schnallte beide Hunde. Die Hetze ging nun quer durch das Gatter und kam wieder zurück. Schließlich hatten die Hunde die Sau am Gatter unmittelbar vor einem der vorgestellten Schützen gestellt, der aber konnte nicht schießen, weil er ja nicht wußte, wo im Gatter wir gerade waren. Die Sau schlug sich wieder frei und verschwand im dicken Zeug, gefolgt von beiden Hunden. Irgendwann in der nächsten halben Minute muß es dann passiert sein. Der Laut der Hunde war mehr als spärlich, man hatte das Gefühl, daß sie von der Sau gejagt und gestellt wurden, nicht umgekehrt. Schließlich fand ich in der Nähe des Standlautes eine schmale Schneise, die etwas Einblick gewährte. Die Büchse war längst schußbereit, da kamen beide Hunde über die Schneise geflogen – und hinterher kam die Sau. Meine Büchse flog an den Kopf – aber das hatte die Sau bereits eräugt und nahm sofort wieder an. Auf wenige Schritte setzte ich ihr die Kugel zwischen die Lichter. Das Drama war zu Ende!

Mein Knöchel war inzwischen stark geschwollen, und in den nächsten Tagen paßte mir der Stiefel nicht mehr. Cosi war an der Flanke aufgeschlagen, und die Sau hatte ihr so in die Rute gebissen, daß der Tierarzt die Hündin kupieren mußte. Sie sieht jetzt hinten aus wie ein gestromter Deutsch-Kurzhaar.

Zur Strecke war eine Überläuferbache von knapp einem Zentner. Selten war ein Bruch so verdient wie dieser, den ich dem Erleger überreichen durfte. Er hatte trotz seines Alters die Suche von A bis Z durchgestanden, und er teilte seinen Bruch mit den beiden Hunden, wie es guter alter Waidmannsbrauch ist. Die Kugel des Jägers – zwei Tage zuvor – hatte der Sau die rechte Keule handbreit oberhalb des Sprunggelenkes zerschossen.

Ohne Fährtenlaut

Drückjagd auf Rot- und Schwarzwild im Januar. Wegen eines dienstlichen Termins konnte ich vormittags nicht an der Jagd teilnehmen und erschien erst zur Erbsensuppe in der Mittagsstunde. Ich hatte diesmal nur Cosi mitgenommen und die alte Gilka zu Hause gelassen. Mit der Jagd wurde es für mich aber nichts, denn vormittags war ein Kalb beschossen worden. Ein Nachbarschütze hatte deutlich gesehen, daß dem Stück nach einigen Fluchten der Pansen und auch Gescheide herausgetreten waren. Man fand auch bei der Untersuchung des Anschusses jede Menge Panseninhalt.
Also setzte ich mich nach der Mittagspause mit dem Schützen und einem weiteren Begleiter in Marsch. Cosi fiel auch sofort mit großem Interesse die Wundfährte an und arbeitete sie trotz ihrer gewaltigen Hetzpassion, die manchmal nur schwer zu bremsen ist, mit bemerkenswerter Ruhe und Konzentration.
Nach dem Durchqueren einer Fichtendickung folgte weiträumiger Eichenniederwald, durchsetzt mit Felspartien. Einige Wundbetten hatten wir schon gefunden, aber alle kalt. Es war ein sonniger, warmer Südhang, auf dem der Schnee bereits völlig weggetaut war. Schließlich wieder einige Wundbetten in dichter Folge, da wurde Cosi sehr heftig und sprang mehrfach in den Riemen. Auch ließ sie sich durch nichts mehr bewegen, die Nase auf dem Boden zu behalten. So entschloß ich mich zum Schnallen. Cosi ist leider nur sichtlaut, und so verschwand sie stumm am Horizont.
Ich weiß nicht, ob andere Hundeführer diese meine Beobach-

tung bestätigen werden, aber ich habe schon wiederholt festgestellt, daß sehr wildscharfe Hunde meist nicht sonderlich lautfreudig sind. Ich will nicht soweit gehen, zu behaupten, daß sich Wildschärfe und Lautfreudigkeit gegenseitig ausschließen; ich glaube aber dennoch, daß es da eine Beziehung dieser beiden Eigenschaften zueinander oder gegeneinander gibt.
Cosi war also verschwunden. Wir trennten uns, um das sich verbreiternde Tal besser abhören zu können. Ich kletterte den Steilhang hinauf bis auf das Felsplateau und erstieg dort einen Hochsitz. Aber es war nichts zu hören, bis auf einen Hundelaut, der jedoch aus der Richtung des Anschusses kam und den ich einem kleinen Dorf auf der Kuppe des Gegenhanges zuschrieb.
Auch meine beiden Mitstreiter fanden keinen Anschluß an die Hetze. Es dämmerte bereits, als ich wieder zum Punkt des Schnallens hinaufkletterte, um dort Mantel und Schweißriemen für die Hündin abzulegen. Ich hatte gerade die Sachen deponiert, als Cosi auf ihrer Fährte zurückkam. Sie machte einen ziemlich erschöpften Eindruck. Nun, an diesem Tag war sowieso nichts mehr zu machen, und so machten wir uns alle auf den Heimweg.
Der nächste Morgen fand uns wieder an dem Punkt, von dem aus Cosi am Vortag ihre Hetze begonnen hatte. Diesmal sollte jedoch Gilka die Riemenarbeit machen. Die Fährte war stark überfroren, Schnee lag keiner mehr, und so war eine Kontrolle doch recht schwierig. Es schien mir somit sicherer, die Arbeit jetzt der wesentlich erfahreneren Gilka zu übertragen. Cosi wurde natürlich nachgeführt, schon um sie an dem Erfolg (der ja bei diesem Schuß nicht ausbleiben durfte) teilhaben zu lassen.
Die Fährte stand zunächst in halber Hanghöhe im raumen Niederwald und wandte sich dann talwärts. Am Zusammenfluß zweier Bäche arbeitete Gilka wenige Schritte an einem Sauaufbruch vom Vortage vorbei, ohne sich im geringsten ablenken zu lassen. Dann aber ging es in den Gegenhang und von dort rückwärts. Der Schweiß wurde immer seltener, aber Gilka arbeitete so selbstverständlich, daß Zweifel gar nicht erst aufkamen.
Nach vielleicht vier Kilometern stießen wir dann auf eine Fläche von vielleicht 30 × 40 Metern, auf der Cosi am Vortag das Kalb

gestellt hatte. Unter uns rauschte ein Bach. Ich hätte einiges verwettet, daß das Stück im Bachlauf liegen würde. Aber wiederum ein Fall von »denkste«!
Gilka hatte zunächst Mühe, aus diesem Fährtenchaos herauszufinden. Dann aber hatte sie doch den Abgang und zog in ein wildes Felsengelände. Hier lag auch wieder büschelweise Rißhaar aus der Keule des Kalbes, Cosi hatte wohl alles versucht, das Stück wieder zum Stehen zu bringen. Wenig später standen wir dann vor dem verendeten Stück – bzw. vor dem, was Cosi und die Füchse noch davon übriggelassen hatten. Sicher hatte Cosi das Kalb dort in den Felsen abgetan – und sie hat wohl auch, da der Herr nicht nachkam, sich ein wenig genossen gemacht. Den Rest hatten dann die Füchse besorgt, deren frisch befahrenen Bau wir wenige hundert Meter zuvor überquert hatten.
So kam Cosi doch noch zu ihrem Stück, von dem sie ja längst gewußt hatte, wo es liegen würde. Übrigens wurde auch im nachhinein klar, daß Cosi der Hund war, den ich am Vortag gehört hatte. Ich hatte es nur für zu unwahrscheinlich gehalten, daß sich die Hetze gedreht haben könnte.
Bei fährtenlauter Hetze wäre das nicht passiert! Aber man muß mit den Mädchen tanzen, die gerade auf der Hochzeit sind. Und man kann eben nicht alles haben. Ich war jedenfalls mit der Leistung beider Hunde zufrieden und die Nachsuchenteilnehmer ebenfalls.
Der Schuß am Vortag saß Mitte Rumpf tief und hatte Pansen und kleines Geschneide durchschlagen.

Eine merkwürdige Wundfährte

Die Brunft war zu Ende, und die Helden (Hirsche und Jäger) waren rechtschaffen müde – wenn auch aus verschiedenen Gründen. Der Kahlwildabschuß hatte voll eingesetzt. An einem Abend im Oktober wurde in einem Eifelrevier vom Hochsitz aus aus einem kleinen Familienrudel – bestehend aus Alttier, Schmaltier und Kalb – das Kalb beschossen. Das Zeichnen war nicht zu deuten gewesen, das beschossene Stück war dann mit

Mutter und Schwester in einem Fichtenstangenholz verschwunden. Auf dem Anschuß hatte der Schütze nichts finden können, wohl aber auf einem Weg, den die Stücke überfallen hatten, einen dicken, geronnenen Schweißklumpen. So hatte er mich verständigt und für den nächsten Morgen um die Nachsuche gebeten.

Neben Gilka hatte ich auch deren Tochter Cosi mitgenommen, die der Schütze nachführte.

Es war eine merkwürdige Wundfährte. Hunderte von Metern nicht die Spur von Schweiß, dann aber wieder ein dicker, geronnener Schweißklumpen. Dies wiederholte sich etliche Male. Auf einer ausgedehnten Fichtenkultur hatte sich das Kalb dann offensichtlich von seiner Familie getrennt und auch mehrere Wundbetten gemacht. Immer lag der Schweiß in diesen Wundbetten am äußersten vorderen Rand. Ich vermutete einen Streifschuß an Hals oder Stich – aber dann hätten wir doch auf dem gründlich untersuchten Anschuß irgend etwas finden müssen, trotz der hohen Brombeeren, Himbeeren und Holunder, die dort wucherten.

In einem weiträumigen Fichtenaltholz dann wieder ein Wundbett, das eindeutig warm war. Das Kalb hatte uns wohl schon von weither wahrgenommen und war geflüchtet. Der Vorsprung mochte sicher schon 15 Minuten betragen.

Ich schnallte beide Hunde. Die wesentlich leichtere und schnellere Cosi hatte im Nu ihre Mutter überholt und verschwand am Horizont über dem nächsten Bergrücken. Nun passierte etwas, was ich mit diesen beiden Hunden schon einige Male erlebt habe: Die sehr eigenwillige Gilka war tief beleidigt, brach noch in Sichtweite von mir mit ihrer Hetze ab und kam zurück. Allein hetzte Gilka mit bestem Laut und sehr ausdauernd. Taucht aber ein zweiter Hund bei ihr auf, so bricht sie ab und kommt zurück, auch wenn es ihre eigene Tochter und Zwingergenossin ist.

So nahm ich die beleidigte Dame wieder an den Riemen, redete ihr gut zu und ließ sie die Hetzfährte ausarbeiten. Nach einem halben Kilometer hörte ich dann den Standlaut von Cosi. Ich ließ Gilka noch weitere 200 Gänge am Riemen arbeiten und schnallte sie dann vor einer schmalen Dickungskulisse, hinter der Cosis

Standlaut herüberklang. Sekunden später war auch Gilka am Stück. Ich umging die kleine Dickung auf einem Hangweg und sah wenig später das Kalb und die Hunde. Das Stück stand unmittelbar an der Leitplanke einer Straße. Zweimal konnte ich den Fangschuß gerade noch zurückhalten, als hinter dem Kalb für den Bruchteil einer Sekunde ein Auto auftauchte.
So ging es also nicht. Ich kletterte den Hang hinauf, bis ich einen ungefährlichen Schußwinkel hatte, und wurde dann endlich den Fangschuß los. Im Nu war die schönste Beißerei im Gange, die ich nur mühsam schlichten konnte.
Das Kalb hatte einen Streifschuß am Stich, und es hatte sich unterhalb der Schußwunde eine regelrechte Tasche gebildet, die den Schweiß auffing. War die Tasche voll, kippte der geronnene Schweiß nach außen. Auch die wundersamsten Dinge auf der Wundfährte klären sich auf, wie man sieht. Die Länge der Riemenarbeit betrug gut und gerne drei Kilometer, die Hetze der Cosi etwa 800 Meter.

Nachsuchen »eigener Produktion«

Wer sein Wild mit »wildartgerechter« Munition bei gutem Licht und auf vernünftige Entfernungen erlegt, für den werden ernsthafte Nachsuchen eine seltene Ausnahme sein. Aber Hubertus läßt auch keine Bäume in den Himmel wachsen und holt denjenigen rasch wieder auf den harten Boden jagdlicher Tatsachen zurück, der glaubt, er verschieße nur Freikugeln à la Freischütz.
Es war gegen Ende Juni. Ich pirschte morgens früh – begleitet von meiner jungen Schweißhündin Cosi – durch ein weiträumiges Eichenaltholz. Mein Ziel war ein Ansitzschirm auf einem Schneisenkreuz. Hier war auch lange nach Hellwerden noch mit Wild zu rechnen, besonders Sauen bummeln hier oft noch recht spät herum.
Ich war vielleicht noch 50 Gänge von besagtem Schirm entfernt, da entdeckte ich ein einzelnes Stück Rotwild, das neben dem Schirm auf einer begrasten Schneise äste. Lautlos legte ich die Hündin ab und hockte mich daneben. Es wäre sinnlos gewesen,

zu versuchen, noch in den Schirm zu kommen. Das Stück Rotwild entpuppte sich als sehr geringer Rotspießer mit kaum angedeuteten Rosenstöcken. Da er auch an Wildpret nicht gerade ein Kraftprotz war, entschloß ich mich, ihn zu erlegen. Dieser Entschluß war aber zunächst nicht durchzuführen, weil der Spießer sich kaum von der Stelle bewegte und eben diese Stelle durch eine Eichenkrone aus dem letztjährigen Einschlag abgedeckt war. Und wer schießt schon auf ein Stück Wild, das nicht völlig frei steht?

Eine viertel Stunde mochte ich schon da gehockt haben, und es begann langsam unangenehm zu werden. Der erste Krampf meldete sich in den Beinen. Sicher habe ich da irgendwelche Verrenkungen gemacht – ohne daß ich den Spießer dabei aus den Augen gelassen hätte –, da schreckte unmittelbar hinter mir ein Stück Rehwild und sprang polternd und unentwegt schreckend ab. Jetzt wurde es feierlich. Der Spießer hatte gottlob keine Ahnung, warum das Reh so ein Theater machte, aber er zog es doch vor, sich abzusetzen.

Halbspitz vor mir weg wollte er sich in Richtung einer kleinen Dickung empfehlen und verhoffte dann nochmal auf etwa 60 Gänge. Auf diesen Moment hatte ich gewartet, der Bergstutzen war gestochen, und die 9,3 × 74 R TUG war eine Idee zu schnell draußen. Ich hatte das Gefühl, als sei ich im Moment des Schusses über der Rückenlinie gewesen. Aber im Knall lag der Spießer, kam jedoch sofort wieder auf die Läufe und trollte – durchaus nicht schnell – in der eingeschlagenen Fluchtrichtung weiter. Nun hatte ich ja noch die zweite Kugel, und so schoß ich dem Hirsch die 5,6 × 50 R Magnum nach. Auch auf diesen Schuß hin brach er wiederum zusammen, wurde sofort wieder hoch und verschwand mit schlenkerndem Vorderlauf im dichten Buchenunterbau.

Der Sitz der zweiten Kugel war ja klar, aber die erste? Da hatte ich ja was Schönes angerichtet.

Es war erst kurz nach 5 Uhr und ich hatte noch sehr viel Zeit. Nach einer ausgiebigen Pfeife untersuchte ich die beiden Anschüsse, aber außer Schweiß konnte ich in dem hohen Gras nichts finden. Also ließ ich dem Hirsch erst einmal Zeit, krank zu werden. Nach einer guten Stunde umschlug ich mit der jungen (damals 9 Monate alten) Hündin in weitem Bogen die Dikkung, in die der Hirsch vermutlich geflüchtet war. Es stand keine Fährte heraus. Also hatte ich Hoffnung, daß er doch verendet darin liegen würde.

Nach einer weiteren Stunde dockte ich den Schweißriemen ab und ließ Cosi den Anschuß untersuchen. Sie konnte sich zunächst von diesem gar nicht trennen, soviel gab es da zu untersuchen. Was sind wir Menschen doch für stumpfsinnige Wesen in des Sinnes wahrster Bedeutung. Wir *sehen* auf einem Anschuß Schweiß, Knochensplitter und was so alles dort herumliegt. Aber was für ein prägendes Erlebnis ist ein solcher Anschuß für eine Hundenase. Was wissen wir von dem, was so ein Anschuß einer Hundenase alles erzählt?

Cosi arbeitete dann zunächst zögernd, dann aber heftiger werdend die Wundfährte, die zunächst auch gut zu kontrollieren war. In der kleinen Dickung fanden wir das erste Wundbett mit viel Schweiß, aber es war nicht mehr warm. Die Fährte stand aus der Dickung hinaus über einen Weg, den wir eine Stunde zuvor noch abgefährtet hatten. Und da war der Spießer mit Sicherheit noch nicht heraus.

Jetzt wäre es eigentlich Zeit gewesen, abzubrechen und die erfahrene Mutter der Cosi, meine Gilka, zu holen. Aber man tut oft Dinge, die man hinterher nicht mehr erklären kann. Ich arbeitete also mit Cosi weiter durch ein Eichenaltholz – immer entlang eines Gatters, das eine Eichennachzuchtfläche vor dem Äser des Rot- und Muffelwildes schützen soll. In einem Winkel dieses Gatters wird unmittelbar vor mir der Spießer hoch und ist mit einer Flucht über den Zaun im Gatter. Ich wußte, daß dieses Gatter einige Löcher hat – hoffte jetzt aber, diese Löcher mögen dem Hirsch nicht genau bekannt sein. So hob ich Cosi über den Zaun und schickte sie auf ihre erste Hetze an einem kranken Stück Wild. Nach menschlichem Ermessen konnte in dem Gatter ja eigentlich nichts mehr schiefgehen. Das Gatter war zwar groß, aber doch schon »durchsichtig«, das heißt, die Eichen waren bereits zum ersten Mal geläutert worden.

Cosi verschwand zunächst stumm und wurde dann hangabwärts

laut. Die Hetze kam mehrfach im Gatter zum Stehen, aber immer nur für wenige Sekunden, dann ertönte wieder heller Hetzlaut. Ich rannte also zurück zum Auto, um das Gatter zu umfahren und dem Drama an der Talseite ein Ende machen zu können. Zehn Minuten später war ich unten und fuhr im Schrittempo bis an die Gatterecke. Da stand Cosi vor mir auf dem Weg und *außerhalb* des Gatters. Das heißt, stehen konnte man das nicht nennen, sie hopste herum und gab Laut, ohne daß ich erkennen konnte, was sie anbellte. Ich stieg also aus dem Auto – natürlich ohne Gewehr – und ging auf die Hündin zu. Als ich unmittelbar bei ihr war, sprang sie in den Graben, und aus diesem wurde der Hirsch hoch und polterte talwärts in eine größere Douglasiendickung. Ich hätte mich sonst wohin beißen können. Es gelang mir aber noch, die Hündin an einer weiteren Hetze zu hindern und sie an den Riemen zu nehmen.

Der Spießer hatte die Löcher also doch besser gekannt, als ich annehmen konnte, und hatte sich erst außerhalb des Gatters vor der verbellenden Hündin niedergetan.

Nun war das Maß allerdings voll; man soll auch Blödsinn nicht übertreiben. Ich fuhr also nach Hause und bat einen Kollegen, die Nachsuche mit mir weiter zu machen. Mir ging es jetzt besonders darum, die junge Hündin noch zum Erfolg zu bringen. Für Gilka war die Weiterführung der Nachsuche natürlich kein Problem. Sie arbeitete mit Ruhe und Konzentration die Fährte vom Graben aus weiter, und mein Kollege führte auf der Fährte die junge Hündin am langen Riemen nach.

Der Spießer hatte zunächst nur Kulturflächen und kleinere Dikkungen talwärts durchquert und war schließlich in Ortsnähe in eine größere Fichten-Douglasien-Dickung eingewechselt. Hier wurde die Fährte warm, und wir fanden auch wieder ein Wundbett. Als wenig später die Hündin deutlich zeigte, daß sie geschnallt werden wollte – sie bleibt dann stehen und äugt stur nach vorne, die Aufforderung »such verwundt« wird dann nur noch mit einem Wedeln beantwortet –, nahm ich ihr die Halsung ab. Zunächst folgte sie dem Spießer fährtenlaut, dann nach kurzer Strecke mit hellem Sichtlaut. Und dann hatte sie den Hirsch gestellt. Mein erster Fangschuß ging in die Botanik und die

Hetze weiter, diesmal aber talwärts in Richtung auf ein großes Fabrikgelände zu, auf dem die Sirene gerade die 10-Uhr-Pause eingetutet hatte.
Oberhalb der Fabrik stellte sich der Spießer erneut. Da ich wegen des Fabrikgeländes als Hintergrund nicht schießen konnte, mußte ich Hirsch und Hund umgehen und den Fangschuß von unten antragen. Etliche Arbeiter hatten ihr Frühstück unterbrochen und schauten uns zu. Wir hatten hier mehr Zuschauer als manches moderne Theater an Besuchern aufweisen kann.
Als ich meinen ersten Schuß sah, sträubten sich mir buchstäblich die Haare. Ich war sehr wohl über der Rückenlinie abgekommen – die Kugel hatte jedoch dem über den eigenen Rücken zurückäugenden Spießer den Äser total zerfetzt. Ein grauenvolles Bild, und ich war heilfroh, daß das Stück zur Strecke war.

Es war gegen Ende Oktober, und in meinem Revier lief ein größeres Wegebauprogramm. Das Wort »Jagd« wurde in diesen Tagen sehr klein geschrieben, dennoch lag meine Waffe immer auf dem Rücksitz des Autos. Man kann ja nie wissen ...
Ich war morgens auf der Fahrt zu der Baustelle und fuhr durch ein Eichenaltholz, in dem unweit dieser vor mir befahrenen schmalen Kreisstraße ein kleiner Ansitzschirm steht. Vor diesem Schirm äste ein kleiner Trupp Kahlwild, Alttier mit Kalb und Schmaltier. Das Kalb machte keinen besonders guten Eindruck, und so wollte ich es doch noch versuchen.
Ich fuhr also zurück und ging auf dem Pirschpfad zu dem besagten Schirm. Um in den Schirm hineinzukommen, hätte ich einige Schritte durch das blanke Altholz machen müssen – und 60 Gänge vor dem Schirm ästen vertraut die drei Stücke. Das traute ich mich denn nun doch nicht und versuchte, kniend zu schießen. Das Kalb stand wannebreit, und es konnte eigentlich nichts schiefgehen. Ich hatte wiederum meinen Bergstutzen dabei und kam mit der 9,3 gut eine Handbreit hinter dem Blatt ab. Im Knall hatte ich im Zielfernrohr einen Schatten gesehen, maß dem aber zunächst keine Bedeutung bei, sondern wunderte mich nur, daß das Kalb nach schwachem Zeichnen nach links wegflüchtete, die beiden anderen Stücke jedoch nach rechts.

Als ich das Gewehr absetzte, wippte höhnisch grinsend ein zerfetzter Mündungsschoner zwei Schritte vor mir auf einer Brombeerranke. Das darf doch nicht wahr sein ... Ich hatte in der Eile vergessen, den Mündungsschoner abzunehmen. Gottlob war der Lauf heil geblieben, es hätte ja ebensogut eine Laufsprengung passieren können.
Ich steckte das »Corpus delicti« ein – als Andenken sozusagen – und ging zum Anschuß. Dort war überhaupt nichts zu finden, und so beschloß ich, nach ein paar Stunden mit Gilka die Sache zu kontrollieren.
So wurde es fast Mittag, als ich mit Gilka nochmals den Anschuß gründlich untersuchte, aber auch sie fand nichts. Ihr Interesse an der Fährte war jedoch bemerkenswert, und so ließ ich sie arbeiten. Nach fast 150 Gängen verwies sie den ersten wäßrigen Schweiß; am Rande der nächsten Dickung unterbrach ich dann zunächst die Suche, um bei dem vermuteten kurzen Weidewundschuß dem Stück noch mehr Zeit zum Krankwerden zu lassen.
Im frühen Nachmittag setzte ich die Arbeit fort – einige Kollegen hatten sich eingefunden, um mitzuhelfen. Das Kalb hatte die erste Dickung durchquert und war dann weit durch Eichen- und Buchenalthölzer gezogen. Es schien, als versuche das Kalb, wieder Anschluß an sein Alttier zu bekommen. Nach langer schweißloser Strecke dann im hohen Altholz unweit einer Straße ein Wundbett – das Kalb mußte also schwer krank sein, wenn es sich unbeirrt durch vorbeifahrende Autos und in Nähe einer Dickung ins hohe, deckungslose Holz bettete.
Von da ab führte Gilka steil bergab in eine als Einstand sehr beliebte Dickung. Vor uns im Laub die deutlichen Fährten mehrerer Stücke, aber keine Bestätigung für die Richtigkeit ihrer Arbeit. In der Dickung polterte Wild vor uns weg, und Gilka wurde sehr heftig. In Ermangelung jeglicher Bestätigung konnte ich mich nicht zum Schnallen entschließen und arbeitete am Riemen weiter, nunmehr auf brühwarmer Fährte. Schließlich landeten wir draußen bei einem der vorgestellten Kollegen. Dem waren drei Stücke gekommen, Alttier, Schmaltier und Kalb. Da er die Stücke weit sehen konnte, war er sicher, daß *dieses* Kalb ab-

solut gesund sei. Wir untersuchten noch einmal gründlich die Fährten, jedoch auch hier »ohne Befund«. Also zurück zum Wundbett in den hohen Buchen.
Ein Teil der Kollegen verabschiedete sich, der Dienst muß ja weitergehen und leider gibt es ja keine Heinzelmännchen mehr, die uns Forstleuten nachts die Schreibarbeit abnehmen.
Gilka untersuchte nochmals sehr eingehend das Wundbett, in dem wir jetzt auch Gescheideinhalt fanden, und zog nach Ausarbeitung einiger Bogen jetzt steil hangaufwärts. Auf dem Kopf dieses Höhenrückens lag eine sehr rauhe Fichtendickung, und hier fand sich auch gleich das nächste Wundbett. In der Folge fanden wir jetzt häufiger Schweiß; die Fährte stand schließlich aus dieser Dickung hinaus in ein Eichenbaumholz mit dichten Buchenunterbau. Hier folgte jetzt Wundbett auf Wundbett, und die Sache näherte sich eindeutig ihrem Ende. Unter uns lag ein Graben und wenig weiter führte ein Weg vorbei. Dort hatte sich einer der Kollegen (der zuständige Revierbeamte dieses Revieres; wir waren ja längst über meine Grenzen hinaus) vorgestellt. Als er uns bereits kommen hörte, entdeckte er im Graben das verendete Kalb.
Die durch den Mündungsschoner doch abgelenkte Kugel war dem Kalb unmittelbar vor den Keulen durch das kleine Gescheide gefahren. Und bei diesem Schuß nützt auch die 9,3 × 74 R TUG nicht sehr viel, obwohl das Kalb bei einem kleineren Kaliber sicher noch weniger geschweißt hätte.

Zwei Muffelwidder

In einem muffelwildgesegneten Hunsrückrevier waren an einem Oktobermorgen von zwei Jägern unabhängig voneinander zwei Muffelwidder beschossen worden. Knapp vier Stunden nach beiden Schüssen war ich mit Gilka am »Tatort Nr. 1«.
Dieser Widder hatte eindeutig einen Krellschuß. Im Knall hatte er gelegen und sogar den Schützen und den begleitenden Jäger herankommen gelassen. Dann aber war er hochgeworden und zunächst unsicher und schwankend, dann immer schneller über weites Feld flüchtig abgegangen.

Gilka verwies sehr interessiert die Wundfährte bzw. den Anschuß des ihr als Nachsuchenobjekt bisher unbekannten Wildes. Flott ging die Arbeit über das Feld voran, aber jede Bestätigung fehlte. Muffelfährten standen überall, so war es also zunächst eine Arbeit auf reiner Vertrauensbasis.
Eine lange Strecke stand die Fährte – oder jedenfalls das, was Gilka arbeitete – auf einem begrasten Feldweg und bog dann in einen mit Altbuchen bestockten Steilhang ein. Es war staubtrokken, und die Wittrung stand offenbar sehr schlecht. So überlegte ich schon, ob ich nicht besser nochmals vom Anschuß weg arbeiten sollte, zumal ich auch in dem trockenen Buchenfallaub kein Pirschzeichen finden konnte.
Da bleibt Gilka plötzlich stehen, und ich sehe kurz vor uns den Widder hochwerden und wegflüchten. Im Nu war die Halsung herunter, und ab ging die Hetze. Hinter einer Felsrippe dann Standlaut. Muffelwild äugt sehr gut, weit besser als Hirsch und Sau. Hier aber boten die Felsen Sichtdeckung und ich kam gut heran und erlebte einen Höhepunkt in meiner Tätigkeit als Schweißhundführer: Im bunten Herbstwald der vom Hund gestellte Widder. Wer vom Muffelwild abfällig als »Schafsböcke« spricht, der hat niemals Muffel in freier Wildbahn gesehen oder auf sie gejagt.
Meine erste Kugel faßte den Widder im unteren Drittel des Sattelfleckes, also weidewund. Den Widder warf es herum; er flüchtete in reißender Fahrt talwärts, gefolgt von der dichtauf hetzenden Hündin. Im Talgrund dann wieder Standlaut. Nun konnte ich mir Zeit lassen. Wiederum das herrliche Bild des starken Widders, der den verbellenden roten Hund abwehrte. Zwei Kugeln brauchte ich noch, um den Widder zur Strecke zu bringen. Wer weiß, wie hart der Muffel ist, den wird das nicht wundern.
Nach kurzer Pause ging es zum nächsten Anschuß.
Auch dieser Widder hatte im Knall gelegen, war dann wieder hoch geworden und schwankend mit dem Rudel und teilweise durch dieses gedeckt weggezogen. Aber hier lag Schweiß, sozusagen »in Hülle und Fülle«.
Gilka – durch die vorangegangene Hetze doch etwas ermüdet –

arbeitete ruhig und recht langsam diese gut zu kontrollierende Wundfährte durch ein weiträumiges Eichenaltholz, dann über einen Weg und talwärts in ein Kiefernstangenholz, in dem frisch geläutert worden war. Das unverwertbare Läuterungsmaterial lag wild durcheinander und erschwerte das Fortkommen doch erheblich. Inmitten dieser Wildnis wurde plötzlich der Widder vor uns hoch und flüchtete – immer den Hang haltend – spitz von mir weg. Geschnallt hetzte Gilka den Widder auf Sicht durch die Kiefern und dann weiter durch ausgedehnte Laubholzbestände. Der Hetzlaut verstummte schließlich in der Ferne – auch ein weiträumiges Abfahren der vor uns liegenden Revierteile brachte nichts ein.

Nach etwa einer Stunde kam Gilka zurück, fix und fertig und kaum noch in der Lage, ins Auto zu springen. Es ist ja leider so, daß unsere Schweißhunde selten oder nie die Kondition täglich bejagter Gebrauchshunde haben. Zwei lange und scharfe Hetzen an einem Tag, das war für meine Hündin einfach zuviel. So machten wir Mittagspause, und ich telefonierte mit einem befreundeten Schweißhundführer aus dem Hunsrück, der mit seinem jungen und sehr scharfen Rüden zu uns stieß.

Aber wir fanden keinen Anschluß mehr an den Widder. Der Rüde arbeitete die Fährte noch weit aus und fand noch einmal nach langer schweißloser Strecke eine Bestätigung in Form eines mikroskopisch kleinen Schweißtropfens auf einem Stein. Aber dann war Ende. Das Rätsel um diesen Schuß blieb zunächst ungelöst.

Wochen später kam dieser Widder zur Strecke. Der Schuß, der unsere Nachsuche verursacht hatte, saß im älteren Drittel der rechten Schnecke. Dort hatte sich das Geschoß zerschlagen, und Splitter hatten die Träger- und Blattpartie noch getroffen. Der viele Schweiß kann nur aus dem Windfang gelaufen sein, der Schlag auf die Schnecke und somit auf das Gehirn hatte sicher eine Gehirnerschütterung bewirkt. Dazu paßte auch das übrige Zeichnen und das Benehmen des Widders unmittelbar nach dem Schuß.

Ich war sehr froh, daß sich diese erfolglose Nachsuche doch noch aufgeklärt hat. In diesem Fall besonders auch deshalb, weil

wir alle über den vermutlichen Sitz der Kugel nur sehr vage Vermutungen anstellen konnen. An einen Schneckenschuß hatte allerdings niemand gedacht. Mir ist auch heute unklar, warum wir auf dem Anschuß keine Hornteilchen aus der Schnecke fanden.
...

Mondscheinsauen

Im Novembermond war abends ein Überläufer beschossen worden. Er rutschte auf dem Anschuß herum, kam wieder auf die Läufe und verschwand am Waldesrand in einem Hohlweg. Der Schütze blieb sitzen, und als Stunden später auf dem gleichen Feld wieder eine Rotte erschien, beschoß er aus dieser einen Frischling, leider unmittelbar auf oder neben dem Anschuß des Überläufers. Auch hier das gleiche Zeichnen und das Verschwinden des Wutzchens im Hohlweg am Waldrand.
Der Jäger harrte aus bis morgens. Groß war allerdings sein Erstaunen, als er in dem Hohlweg nur einen verendeten Frischling fand. Der Überläufer war weg. Gegen Mittag wurde ich verständigt und war gegen 14 Uhr am Anschuß. Nun gab der wenig her, denn dort war unglücklicherweise der Frischling auch noch aufgebrochen worden. So ließ ich Gilka am angrenzenden Eichenniederwald vorhinsuchen, und sie hatte auch bald die Wundfährte des Überläufers gefunden.
Nach etwa einem Kilometer hörte der Schweiß dann gänzlich auf, ich fand nur ab und an als Bestätigung die Fährte und auch schon mal ein wenig angestoßene Erde – kein ausgesprochenes Gebräch –, so wie kranke Sauen es eben häufig tun. Nach einem weiteren Kilometer dann wieder ein winziger Schweißtropfen an einer Müllhalde, an der die Sau vorbeigezogen war. Wir näherten uns rapide einem Ausflugslokal am Ortsrand eines Moseldörfchens. Lakonisch meinte der mich begleitende Jagdherr: »wahrscheinlich ist die Sau noch ein Bierchen trinken«.
Es folgten einige kleine Dickungen, und dann war die Sau mehrfach in einen Bach ein- und wieder ausgestiegen. Von einem Wundbett immer noch keine Spur. Nun lag ein »vergammelter« Obstgarten vor uns – und man hörte aus dem Lokal schon die

Gläser klappern. Da springt Gilka plötzlich zur Seite, und aus der Wiese wird die Sau hoch und nimmt sofort an – nicht den Hund, sondern mich. Ich lasse den Schweißriemen sausen, und es gelingt mir gerade noch, das Nachsuchengewehr gefechtsklar zu bekommen. Aus allerkürzester Distanz werde ich eine Kugel los, die die Sau am Haupt im Bereich der Teller streift. Das reichte, um sie zum Abdrehen zu bringen. Schnell war Gilka geschnallt, die sich sofort auf einen Nahkampf mit der Sau einließ. Der rasch hingeworfene zweite Schuß ließ den Überläufer dann verenden.

Der Schuß vom Vorabend hatte der Sau die Drossel durchschlagen. Merkwürdig nur, daß wir nirgendwo den für solche Schüsse typischen himbeercremefarbigen Schweiß gefunden hatten.

Am gleichen Platz einige Wochen später die rätselhafteste Suche des Jahres. Ein Frischling war beschossen worden. Mit zwei weiteren »Fröschen« war er dann ebenfalls in diesem Hohlweg verschwunden. Am nächsten Mittag war ich am Anschuß – der Vormittag war einer anderen Verpflichtung geopfert worden. Am Anschuß ein großer Leberfetzen, im Hohlweg eine große Schweißlache. Hier hatte die Sau zweifellos gelegen. Aber es führte keine Wundfährte von dort weg. Nahezu drei Stunden mühte ich mich mit meiner Hündin, einen Abgang zu finden. Entweder gab es keinen oder wir fanden ihn nicht.

Es blieb nur die Vermutung, daß ein Spaziergänger an diesem Sonntagvormittag den schwachen Frischling gefunden und einfach mitgenommen hat. Eine andere Erklärung fanden wir nicht. Vielleicht klärt sich auch diese Sache irgendwann einmal auf – man hätte an Weihnachten mit dem Hund die verdächtigen Häuser nach Wildschweinbraten absuchen müssen . . .

Im Dornverhau

Es war Juli 1981 in einem scharzwildgesegneten Moselrevier. Ein Jäger ging abends zum Ansitz und stellte auf dem Weg dorthin fest, daß ein ausgedehnter Weizenschlag von den Sauen stark heimgesucht worden war. Es stand eigentlich nur noch die Fassade, »der Rest war nicht mehr zu gebrauchen«.

Schon früh am Abend hörte er die Geräusche ziehender Sauen hinter sich im Niederwald, und wenig später waren mehrere Bachen mit ihrem Nachwuchs im Weizen. Da er vom Hochsitz aus nicht viel ausrichten konnte, beschloß er, die Sauen in der Frucht anzugehen. Gedacht – getan! Er war kaum im Weizen, da stand vor ihm eine Bache auf wenige Schritte, blies erschrocken und flüchtete weg. Im Nu war auf der ganzen Fläche der Teufel los, blasende und flüchtende Sauen rings um ihn herum. Ein versprengter Frischling flüchtete schließlich auf wenige Schritte an ihm vorbei, und auf diesen wurde er endlich eine Kugel los.

Auf dem Anschuß des Frischlings lag – sauber abgetrennt – ein Hinterlauf. Die Kugel hatte den Lauf dicht unter dem Sprunggelenk abgeschossen.

Am nächsten Morgen war ich mit meiner Gilka am Anschuß. Ihre Tochter Cosi wurde nachgeführt.

Gilka führte trotz der zahlreichen Verleitungen ruhig und bedächtig etliche hundert Meter durch den Weizen und verwies auch hin und wieder wenig abgestreiften Schweiß. Dann ging es in den mit Dornen durchwachsenen Niederwald. Offenbar hatte der Frosch versucht, Anschluß an seine Rotte zu bekommen. Nach einer weiteren Strecke – diesmal ohne jede Kontrolle durch Schweiß – standen wir schließlich vor einer zimmergroßen, vom Schnee zusammengedrückten und daher undurchdringlichen Schwarzdornwildnis.

Gilka wollte in ein Loch einschliefen, das kaum die Größe einer Fuchsbaueinfahrt hatte. Ich trug sie zunächst einmal ab und umschlug die Schwarzdornhecke. Ohne Ergebnis, Gilka wollte in »ihr« Loch hinein.

Nun hätte es ja sein können, daß dort nicht nur der kranke Frischling, sondern die ganze Familie samt Bache im Kessel liegen würde. Da mit Bachen nicht zu spaßen ist – wie jeder weiß –, wußte ich zunächst nicht so recht, was ich machen sollte. Die etwas schwere und massige Gilka war ohnehin immer mehr gefährdet durch Sauen, die sich noch wehren konnten, als ihre bedeutend leichtere Tochter Cosi. Also behielt ich Gilka am Riemen und schnallte Cosi an besagtem Loch in den Dornenverhau. Was nun passierte, läßt sich bei weitem nicht so schnell beschreiben, wie es vor sich ging: Cosi verschwand, dann ein Gepolter, und senkrecht nach oben katapultierte der Frischling aus den Dornen heraus. Sekunden später kam auch Cosi aus den Dornen geflogen und war sofort hinter dem kranken Frosch her. Nun schnallte ich auch Gilka dazu, aber das wäre nicht mehr nötig gewesen. Cosi hatte den Frischling bereits beim Wickel und abgetan, als ich hinzukam.

Ein Glück für uns, daß er den Anschluß an seine Rotte nicht mehr gefunden hatte. Jeder Kundige weiß, wie schwer es ist, aus einer Rotte einen kranken Frischling herauszuhetzen, und welche Schwierigkeiten dabei die Bache machen kann.

Der Frischling war zwar nur ein »Spanferkel«, aber das konnte unsere Freude nicht trüben. Und der Weizen hatte in der nächsten Zeit seine Ruhe! Der Schütze konnte infolge dienstlicher Verpflichtungen selbst nicht an der Nachsuche teilnehmen, stieß aber nach deren Abschluß zu uns.

Es ist an sich immer mißlich, wenn der Verursacher einer Nachsuche selbst nicht teilnehmen kann. Viele wichtige Fragen (Kaliber, Geschoß, Stellung des Stückes im Schuß, Fluchtrichtung, Benehmen im und nach dem Schuß usw.) bleiben dann notgedrungen unbeantwortet und der Hundeführer tappt im dunkeln. Er weiß nicht einmal, ob der gefundene Schweiß von der Ein- oder der Ausschußseite stammt.

Nun ist es fraglos so, daß es wichtigere Dinge geben kann als die Teilnahme an einer selbstverursachten Nachsuche. Dennoch sollte die Teilnahme die Regel, das Fernbleiben die seltene Ausnahme sein. Es ist mir auch schon passiert, daß an einem Sonntag ein Jägersmann, der sich selbst für einen Gralshüter des edlen Waidwerks hält, aus familiären Gründen nicht an einer von ihm selbst verursachten Nachsuche teilnehmen wollte! Für eine solche Einstellung habe ich überhaupt kein Verständnis. Wer jagt, sollte dies mit allen denkbaren Konsequenzen tun. Dazu gehört das eigenhändige Aufbrechen des selbsterlegten Stückes ebenso wie die Teilnahme an einer selbstverursachten Nachsuche, auch wenn das Durchqueren nasser Dickungen unangenehm oder das stundenlange Stehen auf einem Fernwechsel langweilig ist.

Diese Kritik traf auf den Verursacher der vorhin beschriebenen

Nachsuche allerdings nicht zu. Ein Standesbeamter muß eben da sein, wenn geheiratet werden soll, wie in diesem Falle.

Gilkas Ende

Septembervollmond. Kurz nach Mitternacht läutet mich das Telefon aus dem ersten tiefen Schlaf. Ein Jäger hatte eine Stunde zuvor eine stärkere Sau – vermutlich Keiler – in einem Rübenschlag auf etwa 50 Gänge beschossen. Im Knall hatte die Sau gelegen, laut geröchelt, war dann wenige Sekunden später wieder hochgeworden und immer noch laut röchelnd weggezogen. Mindestens zweimal noch war sie auf den nächsten 30 Gängen in den Rüben zusammengebrochen. Dann hatte sie den angrenzenden Stoppelacker erreicht und war parallel zum Waldrand weggeflüchtet. Soweit der Telefonbericht.

Am nächsten Morgen gegen 8.30 Uhr legte ich meine Gilka am Anschuß zur Fährte. Heller Schweiß war auf den Rübenblättern weit umhergespritzt und lag im weiteren Verlauf der Fährte sowohl zwischen den Trittsiegeln als auch auf Ein- und Ausschußseite. Der Schweiß schien hell und wäßrig. Zusammen mit dem Röcheln der Sau nach dem Schuß kam ich zu der Meinung, die Sau müsse die Kugel (8 × 57 IS) im Bereich der Drossel haben. Ein Gebrechschuß schied aus, weil nirgendwo die für solche Schüsse typischen schweißigen Speichelfäden zu finden waren.

Gilka führte ruhig und absolut sicher weit über die Felder und nach fast einem Kilometer in ausgedehnten Niederwald. Schweiß wurde zwar seltener, aber die souveräne Art der Hündin ließen keine Zweifel zu, daß sie auf der richtigen Fährte war. Und hin und wieder gab es ja auch eine Bestätigung durch einen Schweißtropfen.

Es fiel auf, daß die Sau es vermied, einen der zahlreichen Schwarzdornverhaue oder eine Fichtendickung anzunehmen. Die Berührung mit den Dornen und Ästen schien ihr Schmerzen zu bereiten, und sie blieb daher im hohen Holz.

In der Nähe eines feuchten Grabens nahm Gilka dann die Nase hoch und signalisierte deutlich, daß dort unten »etwas los« sein mußte. Da hörte ich auch schon ein Krachen und das Ziehen schweren Wildes. Und ich hörte auch das Röcheln, das der Schütze mir so deutlich geschildert hatte.

Im Nu war die Halsung herunter und Gilka talwärts verschwunden. Im Bachlauf wurde sie laut und hetzte auf der Gegenseite steil hangaufwärts. Immer wieder wurde der helle Hetzlaut von kurzem Standlaut unterbrochen. In einer extrem steilen und wild mit Schwarzdorn verwachsenen Partie des Gegenhanges kam die Hetze dann zunächst zum Stehen. Das Hinaufklettern war jedoch so schwierig und zeitraubend, daß ich es nicht schaffte, der Hündin zu helfen. Sie jaulte einmal kurz auf, dann war Ruhe. Wenige Minuten später kam mir Gilka entgegen, stark schweißend aus einer klaffenden Wunde unterhalb des rechten Auges.

Sie war wohl bei dem Versuch, dem Keiler auszuweichen, über eine der zahlreichen Terrassen in diesem ehemaligen Weinberg abgestürzt. Danach sah auch die Wunde aus. Sie war sicher nicht direkt von der Sau geschlagen, sondern es war eine richtige Platzwunde vom Aufschlagen auf scharfkantige Schieferplatten.

So nahm ich Gilka wieder an den Riemen, gönnte ihr und mir eine kurze Verschnaufpause, und dann ging es weiter. Als wir nach etlichen Kilometern unweit unserer Autos die Fährte vom Vormittag kreuzten, unterbrachen wir die Arbeit und stärkten uns in einem nahen Hotel mit einem kleinen Imbiß.

Mittlerweise hatte es zu regnen begonnen. Gegen 14.30 Uhr legte ich Gilka dort wieder zur Fährte, wo wir unterbrochen hatten. Zügig ging es weiter; es gab kaum noch Schweißkontrolle. Nur alle 1000 Meter fanden wir eine Bestätigung, aber das reichte völlig aus, zumal die Manier der Hündin Zweifel erst gar nicht aufkommen ließ.

Wieder hatte die Sau alle Dickungen und Dornen weiträumig umzogen, und so kamen wir eigentlich ganz flott voran. Kurz nach 16 Uhr war sie dann doch in eine größere Fichtendickung gezogen. Bis dahin hatten wir so zwischen 12 bis 15 Kilometern Riemenarbeit hinter uns – und diese Strecke nahezu ausschließlich in den Steilhängen des Moseltales. Ich war körperlich am Ende, ich konnte einfach nicht mehr. So entschloß ich mich am

Dickungsrand zum Schnallen in der berechtigten Hoffnung, daß die Sau in dieser ersten Dickung, die sie angenommen hatte, auch stecken würde.
Gilka verschwand und wurde bereits 30 Gänge weiter laut – und sofort hörte ich wieder das Röcheln der kranken Sau. Ich machte meinen Nachsuchenkarabiner klar und versuchte, in dieser überdichten Dickung aus Fichte, Hainbuche und Schwarzdorn an den Standlaut heranzukommen. Dabei merkte ich, daß die Sau langsam weiterzog. Es gelang mir nicht, den Abstand von etwa 30 Meter zu verkürzen. Und die Botanik wurde immer dichter. Nach vielleicht 100 Meter in der Dickung hatte ich dann plötzlich den Eindruck, daß sich der Laut nicht mehr fortbewegte.
Die Sau hatte wohl die dichteste Stelle der Dickung erreicht. Die einzige Möglichkeit für einen Fangschuß auf allerkürzeste Distanz war, liegend zu schießen. Ich will gern gestehen, daß ich regelrecht Angst hatte. Ich wußte, daß diese Sau erheblich über 150 Pfund stark war – und ich hatte dennoch nur eine Möglichkeit zum Fangschuß, wenn sie mich annehmen würde.
Mittlerweile war ich auf 10 bis 12 Schritt an Hund und Sau herangerobbt. Da machte die Sau einen Ausfall gegen den Hund, und Gilka fiel dabei fast über mich. Nun, da sie wohl Hilfe erwartete, ging sie mit neuem Elan an die Sau, von der ich immer noch keine Borste gesehen hatte. Ich sah aber jetzt die Hündin und konnte mir ausrechnen, wo die Sau wohl stehen würde, nämlich in der nächsten und übernächsten Pflanzreihe. Ich mußte mich also bewegen und robbte in die nächste Reihe hinein, den Karabiner schußbereit vor mir.
Dies muß die Sau wohl vernommen haben – ein röchelndes Blasen, ein Krachen, und ich sehe die Sau kommen, mit schaumigem, halboffenem Gebrech. Ich reiße das Gewehr hoch und werde die 8 × 57 JS Vollmantel auf drei Meter spitz von vorne auf den Keiler los.
Auf wenige Zentimeter flüchtete die Sau an mir vorbei, und als ich wieder nach vorn blickte, liegt dort meine Hündin! Im selben Moment wird sie vorne hoch, und ich sehe, daß ihr die ganze Lunge heraushängt. Ich springe hin, sie kriecht mir noch auf den

Schoß, schaut mich mit weit offenen Augen an und legt den Kopf auf meinen Arm. Sekunden später brechen die Augen, es ist vorbei. Meine eigene Kugel hatte ihr den Brustkorb aufgerissen.
Die nächste halbe Stunde habe ich meinen Gefühlen freien Lauf gelassen, und ich schämte mich nicht zu gestehen, daß mein Gesicht nicht nur vom Regen naß war. Ich glaube heute, daß das Vollmantelgeschoß die Sau voll durchschlagen hat und dann erst die Hündin traf. Sonst hätte dieses Geschoß nicht so den Brustkorb zerfetzen können, schlimmer als bei einem H-Mantel-Geschoß.

Es gibt ganz sicher Schlimmeres, als einen Hund zu verlieren. Aber nur der, dem sein Hund mehr ist als nur Mittel zum Zweck, wird nachfühlen können, was ich an diesem Tag verloren habe. Mit dem inzwischen eingetretenen zeitlichen Abstand von dieser unglücklichen Nachsuche kommen mir jedoch auch noch andere Gedanken: Die meisten Schweißhunde und viele gute Gebrauchshunde in entsprechenden Führerhänden stehen in ihrem jeweiligen Einsatzbereich der gesamten Jägerschaft zur Verfügung. Bei ihren Einsätzen sind diese Hunde sowohl durch wehrhaftes Wild wie auch durch den Straßenverkehr einer erheblichen Gefahr ausgesetzt, ebenso auch durch den Fangschuß, den ja im Regelfall nur der Hundeführer selbst abgeben darf. Alle diese Fälle wären – wenn sie eintreten – keine Haftpflichtfälle; das Risiko geht voll zu Lasten des Hundebesitzers.
Ist es eigentlich fair, neben der als selbstverständlich empfundenen ständigen Einsatzbereitschaft auch noch das volle finanzielle Risiko der Nachsuchentätigkeit dem Hundebesitzer allein zu belassen? Es wird in den Kreisgruppen der Landesjagdverbände bestimmt eine Menge Geld für weniger wichtige Dinge ausgegeben; sollte da nicht doch auch noch der Betrag für die Prämie einer Tier-Lebensversicherung »drin« sein? Ich habe inzwischen versucht, eine akzeptable Regelung zu erreichen, aber leider vergeblich. Zumindest der hiesige Landesjagdverband konnte sich nicht zu einer Regelung durchringen. Ich kann dies nicht begreifen, im »Falle eines Falles« hätte der Hundeführer dann wenigstens eine gewisse finanzielle Entschädigung, die ihm die schnelle Be-

schaffung eines geeigneten Ersatzhundes erleichtern würde (von der ja dann auch wieder die gesamte Jägerschaft profitiert).
Gedanken und Anregungen, die vielleicht doch in der einen oder anderen Kreisgruppe auf fruchtbaren Boden fallen.

Ein harter Keiler

Ein angehender Keiler war bei Mondschein im Januar beschossen worden. Knochensplitter auf dem Anschuß deuteten auf einen Laufschuß hin. Nun hatte man die Wundfährte bereits einige Kilometer weit im lichten Holz ausgegangen und erst aufgehört, als der Schweiß spärlicher, das Gelände steiler und die Botanik dichter wurden. So war die Fährte bereits 15 Stunden alt, als ich Cosi ansetzte.
Es lag kein Schnee, das Thermometer zeigte jedoch starken Frost von tagsüber –10° C. Cosi arbeitete temperamentvoll, aber dennoch absolut sicher zunächst durch eine Dickung, dann wieder in lockeren, schon »durchsichtigen« Eichen-Niederwald. Nach 800 Gängen das erste Wundlager. Diesem folgten auf den nächsten 200 Metern noch einige. Schweiß hatte mittlerweile schon Seltenheitswert, aber an der Richtigkeit der Arbeit bestand absolut kein Zweifel. Nach schließlich etwa einem Kilometer Riemenarbeit vor uns ein frisches Lager, das noch »dampfte«. Die Sau war hier frisch raus! Cosi gab auch unmißverständlich zu verstehen, daß sie nun geschnallt werden wollte – im Gegensatz zu ihrer Mutter kommt sie am Riemen zurück und springt mich an.
Die Halsung war runter und die (leider nur sichtlaute) Cosi am Horizont verschwunden. Wir eilten hinterher, da hörten wir von der nächsten Kuppe aus schon Cosis Standlaut aus dem Talgrund. Ich legte meine Begleitmannschaft ab und ging allein den Kampfplatz an. Da stand der Keiler (er hatte etwa 85 kg aufgebrochen!) im offenen Holz, umtanzt von der dunkel gestromten Hündin. Ein herrliches Bild! Der Keiler hatte noch keineswegs aufgegeben, er machte heftige Ausfälle gegen die Hündin, und so war der Fangschuß keine leichte Sache.

Ich wurde schließlich drei Kugeln nacheinander los, auf die der Keiler jedoch nicht die geringste Reaktion zeigte. Als ich die vierte Patrone in die Kammer repetieren wollte, rutschte diese schon beim Antippen von selbst hinein, ohne daß die Kralle des Patronenausziehers gegriffen hatte. Die Büchse ging nicht mehr zu! Inzwischen hatte sich die Sau herumgeworfen und war, gefolgt von der eifrig lautgebenden Hündin, weiter talwärts verschwunden. Ich rief meine Begleiter zu mir, von denen einer – Gott sei Dank – seinen Mannlicher dabei hatte. So lieh ich mir seine Waffe und versuchte wieder Anschluß an Sau und Hund zu bekommen.
Im Tal unten – neben einem breiten und reißenden Bach, der auch die Reviergrenze bildete – hatte sich der Keiler unter einer Hecke eingeschoben und war dabei, sein Testament zu machen. Er war verendet, als ich dort ankam. Zwei meiner drei Fangschüsse hatten also doch gesessen.

Vor und nach dem Schuß

Nachsuchen nach krankgeschossenem Wild sind kein Selbstzweck, und die Schilderung von Nachsuchen – so spannend sie sein mögen – sind es erst recht nicht. Bei aller Begeisterung über gute Leistungen der Hunde, bei aller Freude über den Erfolg darf man doch nicht vergessen, daß der Hintergrund dieses Erlebens das bittere Leid der Kreatur ist, zugefügt durch einen unglücklichen Schuß.

Die Nachsuche geht deshalb nicht allein den Hundeführer an. *Jeder* Jäger, der die Büchse auf Schalenwild richtet, sollte schon *vor* dem Schuß bedenken, wie er eine Nachsuche möglichst vermeiden könnte – und *nach* einem unglücklichen Schuß, wie er dazu beitragen kann, die Nachsuche zumindest nicht zu erschweren.

Diesem Ziel wollen die folgenden Ausführungen dienen, gewissermaßen als Lehre aus den vorher geschilderten Beispielen.

Oft sind es gerade Selbstverständlichkeiten und Banalitäten, die wir außer acht lassen, wenn der »Fall X« eingetreten ist.

Von zunehmender Wichtigkeit ist ein gutnachbarliches Verhältnis der Jagdpächter untereinander, weil unsere Reviere immer kleiner werden und in den meisten Revieren kaum mehr von Standwild gesprochen werden kann. Wie viele Reviere werden von einem Rotwildrudel oder gar vom Schwarzwild auf seinen weiträumigen Wechseln berührt! So wäre es sicher für die gerechte Nachsuche von großem Wert gewesen, hätte sich unser Gesetzgeber, als er die Wildfolgevereinbarung gesetzlich verankerte, auch dazu durchringen können, für die anerkannten Nachsuchenspezialisten aus dem Schweißhund- wie aus dem

Gebrauchshundelager entsprechende »Nachsuchenvereinbarungen« den Jagdausübungsberechtigten verpflichtend aufzuerlegen.

Leider kommt es immer wieder vor, daß der Hundeführer bei einer Nachsuche an einer Reviergrenze steht und nicht weitersuchen darf, weil kein Verantwortlicher aus dem Nachbarrevier zu erreichen ist. Hier hilft derzeit nur eine freiwillige Vereinbarung der Pächter untereinander.

Es wäre wünschenswert, wenn alle Kreisgruppen diesem Beispiel folgen und damit den in ihrem Bereich tätigen Hundeführern ihre Arbeit im Interesse einer sauberen und waidgerechten Jagdausübung erleichtern würden.

Solange eine solche Vereinbarung nicht existiert, sollte jeder Jagdausübungsberechtigte, der einen Hundeführer zu einer Nachsuche anfordert, gleichzeitig die Jagdausübungsberechtigten der Reviere verständigen, die möglicherweise von der Nachsuche betroffen werden könnten. Dies erspart unter Umständen lange Wartezeiten an der Grenze, die manchmal den Erfolg einer Nachsuche in Frage stellen können. Denken wir nur an die Kürze eines Wintertages, heftigen Schneefall oder stundenlangen Platzregen. Da kann jede Stunde wertvoll sein.

Ein wichtiger Punkt, der mit dem richtigen – und damit waidgerechten – Verhalten des Jägers bereits vor dem Schuß zu tun hat, ist die Frage des Kalibers. Ich weiß, daß ich mich jetzt mit den Ballistikern anlegen werde, wenn ich dafür plädiere, auf Hochwild nur Geschosse mit einem Mindestdurchmesser von 8 mm zu verwenden. Natürlich liefern auch die als Universalkaliber angepriesenen 7-mm-Geschosse das beschossene Stück zur Strecke, wenn die Kugel gut auf der Kammer sitzt. Aber dort sitzt sie eben nicht immer, sondern auch manchmal einem Feisthirsch im vollgeästen Pansen oder einem Sommerkeiler im kleinen Gescheide.

Ein 7-mm-Schußkanal, der sich sofort auf vielleicht vier oder fünf Millimeter zusammenzieht und sich mit Gewebe oder Feist verstopft, gibt dann eben keinen sichtbaren Schweiß mehr ab, und die Nachsuchen verlaufen denn größtenteils auf reiner Vertrauensbasis.

Obwohl ein erfahrener Hund den Schweiß als Leitfaden nicht braucht – er orientiert sich ohnehin mehr an der Wund- oder Krankwittrung sowie an der Bodenverwundung als am Schweiß –, so ist dennoch der Schweiß für den Hundeführer fast immer die einzige Bestätigung, daß der Hund recht hat, und daher doch von ganz entscheidender Bedeutung. Die Hunde, denen man absolut blind vertrauen kann, sind sehr selten.

Einmal suchte ich auf 38 Stunden alter Fährte eine Sau nach, die den Schuß hinten vor den Keulen im kleinen Gescheide hatte (7 × 65 R). Die Fährte war überschneit und zweimal überfroren, eine sichtbare Schweißkontrolle gab es nicht. Dennoch fanden die mir folgenden Jäger hin und wieder in den Spuren des Hundes und auch in meinen Spuren durchgedrückten bzw. aufgeworfenen Schweiß. Nach etwa eineinhalb Kilometern wurden vor uns aus einer wilden Felspartie fünf Muffelwidder flüchtig und nahmen einen breit ausgetretenen Hangwechsel an. Über die frischen Betten der Widder arbeitete die Hündin und führte dann ebenfalls auf diesen ausgetretenen Hangwechsel, auf denen nagelfrisch die Muffelfährten standen. Als wir nach einigen hundert Metern immer noch auf diesen Muffelfährten arbeiteten, kamen mir erhebliche Zweifel, ob die Hündin nicht diesen frischen Verleitungen erlegen war. Ich trug sie ab und setzte sie am letzten Schweiß nochmals an. Dies wiederholte sich noch einmal, dann ließ ich sie gewähren. Schweiß war keiner mehr zu finden, und ich konnte dem Hund einfach keine Hilfestellung mehr geben. Nach nahezu einem Kilometer auf diesen frischen Muffelfährten stoppte die Hündin plötzlich und begann um die Fährte zu bögeln, also mehrere Kreise mit immer größerem Radius zu schlagen. Dann führte sie von den Widderfährten fort hangabwärts, und nach weiteren 200 Gängen standen wir vor der längst verendeten Sau.

Dies nur als kurzes Beispiel, daß auch solche frischen Verleitungen einen absolut fährtensicheren Hund nicht aus der Fassung zu bringen vermögen. Die Sau hatte sicher in diesem letzten Drittel der Wundfährte kaum noch geschweißt, die Wundwittrung hatte aber auch nach 38 Stunden noch für eine zügige Arbeit ausgereicht.

Geschosse im Kaliber 8 mm oder gar 9,3 mm sind in jedem Falle besser. Sie haben mehr Geschoßmasse und reißen größere Wunden, die wiederum mehr schweißen, wenn sie auch den subjektiven Nachteil haben, nicht so rasant zu sein wie viele »schnelle« Geschosse kleinen Kalibers. Ich frage mich manchmal, was sich die Hersteller dabei denken, wenn sie in den Katalogen Schußtafeln bis 300 Meter abdrucken lassen. Ist denn auf 200 Meter noch ein klares und sauberes Ansprechen möglich? Wie oft liegt denn bei solchen Weitschüssen statt des Kalbes das Alttier, oder dem »einwandfrei angesprochenen« kronenlosen Hirsch sind plötzlich noch Enden gewachsen?!

Denken wir doch auch daran, daß – allen schönen ballistischen Tabellen zum Trotz – das beschossene Stück auf ein großkalibriges Geschoß klarer zeichnet als auf ein kleinkalibriges.

Zum richtigen Verhalten des Jägers vor dem Schuß gehört auch das Einschießen der Waffe! Ein Probeschuß am 15. Mai ist weniger aufwendig, als eine Nachsuche auf einen Bock am 16. Mai, dem man nur deshalb einen Lauf zerschossen hat, weil die Waffe vier Monate herumgestanden hat und vielleicht einmal hingefallen ist.

Wichtig ist ferner, daß sich der Jäger vor dem Schuß möglichst genau merkt, wo das zu erlegende Stück steht. Das ist z. B. auf einer Wiese gar nicht so einfach, aber es wird immer Hilfspunkte geben, wenn der Jäger vorher daran denkt, was ihm nachher das Auffinden des Anschusses erleichtert.

Man sollte es sich zur Gewohnheit machen, in den Nachhall des Schusses hinein zu repetieren oder seine Kipplaufwaffe sofort nachzuladen. Nur dann kann man sofort nachschießen, wenn die erste Kugel nicht da sitzt, wo sie eigentlich sollte.

Auf ein einwandfrei mit dem ersten Schuß angeschweißtes Stück sollte auf jede Entfernung und – wenn es nicht anders geht – auch spitz von hinten nachgeschossen werden. Rücksichtnahme auf etwaige Wildpretzerstörung ist hierbei völlig unangebracht. Lieber ein gekrelltes Stück mit einem zweiten Schuß auf die Keulen doch noch nur Strecke bringen, als es u. U. bei einer Nachsuche nicht zu bekommen und es dann im Sommer von den Maden auf lebendigem Leibe auffressen zu lassen.

Über dem Zeitpunkt, wann der Jäger nach dem Schuß den Anschuß betreten darf, liest man immer wieder von der berühmten »Zigarettenlänge». Dies ist aber nur dann richtig, wenn das beschossene Stück den auf dem Anschuß herumsuchenden Jäger auf keinen Fall wahrnehmen kann. Hat es dagegen eine nahe Deckung angenommen, so muß mindestens eine bis zwei Stunden gewartet werden. Abends geht der Jäger also nach Hause, wenn der Anschuß in Dickungsnähe liegt.

Ein Hirsch erhielt abends die Kugel waidewund. Nach zwei Fluchten war er in der nahen Dickung verschwunden. Der Schütze ging sofort auf den Anschuß und hörte den Hirsch fortbrechen, der sich bereits wenige Meter in der Dickung gebettet hatte. Die Nachsuche am nächsten Morgen ging über mehrere Kilometer. Der Hirsch war verendet, die Kugel steckte im Pansen. Mit Sicherheit wäre dieser Hirsch in der Nacht wenige Schritte vom Anschuß entfernt verendet, wäre er nicht aufgemüdet worden.

Viel Schweiß auf dem Anschuß ist keineswegs ein gutes Zeichen, das muß einmal ganz klar gesagt werden. Meist hat das Stück dann einen Streifschuß, und der Schweiß hört nach kurzer Strecke mehr oder weniger auf. Wenn man mir sagt: »Es liegt auf dem Anschuß so viel Schweiß – das Stück muß in der Nähe verendet liegen«, so bin ich immer besonders skeptisch und verbreite dann auch ganz gezielt Pessimismus.

Häufig erlebt man, daß auch der erfahrene Hund auf dem Anschuß und in dessen nächster Umgebung geradezu »klebt« und nicht fortzukommen scheint. Man kann in diesen Fällen dem Schützen auf den Kopf zusagen, daß der Anschuß ganz erheblich vertrampelt und eine Menge regelrechter Verleitfährten gelegt wurde. Es wurden Schweiß und Schnitthaar und was sonst dort noch alles liegen kann mit den Schuhsohlen verschleppt. Die Augen sollen den Anschuß untersuchen, nicht die Füße!

Fehlender Schweiß auf dem Anschuß ist – besonders bei kleinkalibrigen Geschossen – noch lange kein Beweis, daß das Stück vorbeigeschossen wurde. Der Beweis des Fehlschusses ist erst erbracht, wenn man im Hintergelände die Kugel gefunden hat (bzw. den Kugeleinschlag in Erde oder auf einem Baum), diese bis zu diesem Einschlag nicht abgelenkt wurde und trotz sorgfältigster Suche weder ein Schnitthaar bzw. Schnittborste noch gar Schweiß gefunden worden ist.

Hat die Kugel ein Stück Wild voll durchschlagen, so liegt immer zumindest Schnitthaar auf oder hinter dem Anschuß. Voraussetzung ist natürlich, daß der Anschuß einwandfrei feststeht!

Auch das Benehmen des Stückes im und nach dem Schuß ist für die Beurteilung des Schusses bzw. des Fehlschusses von großer Bedeutung.

Ist Wild in Bewegung beschossen worden – also beispielsweise bei winterlichen Drückjagden –, so sollte immer mit einem zuverlässigen Hund kontrolliert werden. Flüchtige Sauen zeichnen wenig oder gar nicht. Hier muß eine größere Fluchtstrecke kontrolliert werden, da man ja nicht weiß, in welcher Position des Bewegungsablaufes die Kugel das Stück getroffen hat. Der Schußkanal kann sich so verziehen, daß kein Schweiß nach außen tritt oder das Stück erst nach einer ganzen Weile, wenn es in ruhigeres Ziehen verfällt, zu schweißen beginnt.

Ein stärkerer Keiler wurde bei einer winterlichen Drückjagd im unberührten Neuschnee von mehreren Schützen beschossen. Einige erfahrene Jäger folgten der Fluchtfährte nach dem Abblasen eine kurze Strecke und diagnostizierten einwandfreien Fehlschuß. Nicht der geringste Hinweis wurde gefunden, daß eine Kugel ihr Ziel erreicht hatte. Dennoch wurde dieser Keiler wenige Wochen später nur einige hundert Meter entfernt verludert gefunden.

Ein anderer Fall: Ein Schmaltier erhielt in voller Flucht die Kugel. Es überschlug sich in der Luft und schlug mit dem Ziemer auf die harte Schnittkante eines Fichtenstubbens auf. Sofort war das Stück aber wieder auf den Läufen und ging hochflüchtig ab. Zwei sehr erfahrene Jäger untersuchten anschließend den Anschuß und fanden dort nur Schnitthaare vom Aalstrich. So lautete die klare Diagnose »Krellschuß«. Dennoch – und weil sonst kein Anschuß angefallen war – arbeitete ich diese Wundfährte einige Stunden später mit meiner Schweißhündin. Ich hatte nicht die geringste Hoffnung, das Stück zur Strecke bringen zu können. So war ich heftig erschrocken, als nach einigen hundert

Gängen das Stück im raumen Altholz verendet vor mir lag. Der Krellschuß entpuppte sich als Weidewundschuß ohne Ausschuß, und das viele schwarze Haar vom Aalstrich war durch das Aufschlagen auf den Stubben abgerissen worden. Die wenigen Schnitthaare vom Einschuß gingen sozusagen in der Masse der Haare vom Aalstrich unter und wurden einfach übersehen.

Dennoch gibt es beim Zeichnen des Wildes bestimmte Regeln und Gesetzmäßigkeiten, deren Kenntnis dem Jäger das richtige Ansprechen seines Schusses erleichtert. Ich möchte daher hier auf die wichtigsten und typischsten Verhaltensweisen beschossenen Wildes eingehen. Dabei muß ich nochmals betonen, daß gerade beim Zeichnen des Wildes die Stärke des verwendeten Geschosses eine große Rolle spielt.

Bei hohen Blattschüssen bricht das Wild meist wie vom Blitz getroffen zusammen, besonders dann, wenn die Wirbelsäule mit getroffen wurde.

Bei mittleren und tiefen Blattschüssen macht das beschossene Wild häufig eine hohe Flucht, um dann blindlings vorwärts zu stürmen. Hierbei werden Bäume und Sträucher angeflohen. Nach meist kurzer Todesflucht bricht das Wild verendet zusammen. Ist die Aorta also die Hauptschlagader dicht über dem Herzen – abgeschossen worden, so bricht auch bei mittleren Blattschüssen das Stück im Knall zusammen.

Sitzt der Blattschuß zu tief – hat das Geschoß also nur den Brustkern gestreift –, so zeichnet das Stück auch mit einer hohen Flucht und geht dann zunächst wie gesund ab. Häufig wird bei diesen Brustkernschüssen nach kurzer Strecke ein Verhoffen des Wildes beobachtet – wohl aus Atemnot, denn das Brustbein und die Lunge haben ja immer einen gehörigen Schlag abbekommen.

Bei Laufschüssen knickt das Wild nach der Seite ein, an der ihm die Stütze fortgerissen wurde, und wird dann sofort flüchtig. Der zerschossene Lauf schlenkert oder wird nachgeschleppt. Bei Keulen- oder Hinterlaufschüssen geht das Wild im Schuß auch manchmal mit der ganzen Hinterhand zu Boden.

Bei Äser- oder Gebrechschüssen bricht das Stück meist schlagartig zusammen, um dann sofort wieder hoch und flüchtig zu werden. Häufig wird dann in der Flucht das Haupt geschüttelt. Sauen pflügen nach Gebrechschüssen oft mit dem zerschossenen Gebrech den Boden.

Nach einem Krellschuß bricht das beschossene Stück immer schlagartig zusammen. Nach kurzer oder auch längerer Zeit beginnt das Wild zu schlegeln, um dann wieder hochzuwerden und flüchtig abzugehen.

Bei Trägerschüssen zeichnet und benimmt sich Wild meist wie bei den vorhin behandelten Krellschüssen.

Bei hohen Leberschüssen zeichnet das beschossene Stück wenig. Es ruckt im Schuß zusammen und geht mit kurzen, langsamen und krampfartigen Fluchten ab.

Auf einen tiefen Leberschuß zeichnet das Stück ähnlich wie auf den tiefen Blattschuß.

Auf einen Weidewundschuß zeichnet das beschossene Stück noch weniger als auf den hohen Leberschuß, es geht auch wie gesund ab. Hat die Kugel das kleine Gescheide getroffen, so schlägt das Wild jedoch häufig mit beiden Hinterläufen aus und flüchtet langsam mit gekrümmtem Rücken.

Auf einen Nierenschuß bricht das Stück im Knall zusammen, wird aber sofort wieder hoch und geht mit ausgestrecktem Wedel oder Pürzel langsam ab. Sauen klagen auf Niederschüsse immer schrill und anhaltend. Das Klagen geht oft in ein wehleidiges Jammern über.

Bei reinen Wildpretschüssen weicht das beschossene Stück dem Geschoß bzw. dem Schmerz aus. Bei Streifschüssen im Rücken- bzw. Ziemerbereich duckt es sich, und bei einem Streifschuß an der Körperunterseite quittiert es die Kugel mit einer hohen Flucht.

Dies waren sozusagen die klassischen Regeln, wie Wild auf die verschiedenen Körpertreffer zeichnet.

Sauen nehmen eine Sonderstellung ein; sie zeichnen weit weniger klar als z. B. Rot- und Rehwild, und auch diese Wildarten quittieren die Kugel in der beschriebenen Weise nur dann, wenn

sie im Zustand nervlicher Ruhe beschossen werden. Die Regeln stimmen schon nicht mehr, wenn das Wild beispielsweise im Treiben flüchtig beschossen wird. Auch spielt die Nervenanspannung des Wildes eine große Rolle. Hat das Stück das Klikken des Stechers vernommen und die Kugel erreicht es in dem Augenblick, wo es gerade flüchtig werden wollte, so wird das Zeichnen anders sein als bei einem vor sich hindösenden Stück.
Sauen quittiern den Erhalt der Kugel häufig mit einem kurzen Aufklagen, insbesondere bei Knochenschüssen. Dieses kurze Klagen unterscheidet sich deutlich von dem langgezogenen Jammern nach Nierenschüssen. Es kann allerdings auch vorkommen, daß z. B. eine Frischlingsrotte nach dem Schuß so durcheinanderwirbelt, daß es zu Kollisionen kommt, und dann hört man auch schon einmal ein kurzes Aufquieken, ohne daß dies von dem beschossenen Stück stammt. Daher ist es immer wichtig, ob das Klagen *im* Schuß oder *nach dem* Schuß gehört wurde.
Man sollte auch nie auf Wild schießen, das sein Haupt äsend am Boden hat, sondern warten, bis es das Haupt hebt. Es kann sonst sein, daß auf der Wundfährte deshalb kein Schweiß zu finden ist, weil sich die Decke bei dem fortflüchtenden Stück völlig über Ein- und Ausschuß gezogen hat und keinen Schweiß mehr austreten läßt. Ferner sollte nur dann geschossen werden, wenn das Wild breit steht und nicht durch Äste, Sträucher u. a. verdeckt wird. Wenn man erkennen kann, daß das Wild nicht absolut breit steht, dann steht es schon mindestens halbspitz.
Schüsse auf halbspitz stehendes Wild sind schon wegen des häufig fehlenden Ausschusses problematisch. Der Schwung der Kugel reicht nicht für den wesentlich verlängerten Weg durch den Wildkörper aus, und es gibt dann sehr viel seltener den für eine ausreichende Schweißkontrolle so notwendigen Ausschuß. Bei solchen Schrägschüssen findet man die Kugel – oder das, was von ihr übrig geblieben ist oft unter der Decke auf der Ausschußseite.

Ein schwieriges und für die Schweißhundführer auch ein wenig heikles Kapitel ist der Einsatz ungeeigneter und ungeübter Hunde auf der Wundfährte. Kein nachher doch noch zur Hilfe geholter Schweißhundführer wird es dem Schützen verübeln, wenn er zuvor mit seinem eigenen Hund *am Riemen* versucht hat, sich über den Sitz der Kugel Klarheit zu verschaffen. Wenn dieser eigene Hund nicht gerade eine heiße Hündin ist, kann dabei nicht sehr viel kaputt gemacht werden. Voraussetzung ist allerdings, daß der Schütze genügend lange gewartet hat, also bei Kammerschüssen mindestens eine Stunde, bei Weidewundschüssen keinesfalls unter drei Stunden. Liegen Knochensplitter auf dem Anschuß, so sollte ohne den geringsten Zeitverlust und ohne Probieren mit wenig geübten Hunden sofort ein erfahrener Spezialist zur Nachsuche geholt werden.

Manche Hundeführer tun sich ein wenig schwer mit dem Einsatz eines Spezialisten, weil sie glauben, ihr Gesicht und ihr jagdliches Renommé bzw. das ihres Hundes aufs Spiel zu setzen.

Unsere vielseitigen Gebrauchshunde sind für eine breite Palette verschiedenster Aufgaben gezüchtet und werden entprechend abgeführt. So wie man dem Gebrauchshund keinen Gefallen tut, wenn man ihn im Feld in die Konkurenz der dort spezialisierten Pointer und Setter stellt, so wenig nützt man ihm, wenn man ihn in der Arbeit nach dem Schuß auf der schwierigen Wundfährte mit den hierin spezialisierten Schweißhunden messen würde.

Dies schließt natürlich nicht aus, daß auch ein speziell auf der Wundfährte gearbeiteter und entsprechend geübter Gebrauchshund durchaus in seiner Leistung der der Schweißspezialisten gleichwertig sein kann. Auch sind nicht alle Schweißhunde so gearbeitet und in täglicher Praxis geübt, daß sie immer den schwierigen Anforderungen der harten Nachsuchenpraxis gerecht werden. Auch Schweißhunde kochen nur mit Wasser, und auch beim Einsatz dieser Spezialisten gibt es Pannen und Pleiten. Dies zu verschweigen oder vertuschen zu wollen, wäre sicher ein Fehler und würde letztlich den Schweißhund und seinen Führer unter einen ständigen Erfolgszwang stellen, dem er nicht gerecht werden kann. Auch der beste Hund ist keine Maschine und kein Nachsuchenroboter; er kann einmal indisponiert sein, und dann klappt es eben nicht so, wie es eigentlich sollte.

Hier auch noch ein Wort darüber, warum der Hannoversche Schweißhund nicht auf Rehwild eingesetzt wird. Mir schrieb

einmal ein Hundeführer einen Brief, in dem er unter anderem meinte, für uns Schweißhundführer sei ja Rehwild nur Ungeziefer und wir seien uns für die Nachsuche auf diese Wildart »zu schade«. Diese Meinung ist sicher kein Einzelfall.
Jeder Hund – gleich welcher Rasse – arbeitet lieber eine Rehfährte als irgend eine Fährte einer anderen Schalenwildart – vielleicht ausgenommen die der Muffel. Wir wissen heute, daß Rehwild durch spezielle Duftdrüsen eine sehr verlockende Wittrung in die Fährte abgibt. Wenn dem Schweißhund nicht von Jugend an die Rehfährte verleidet wird, wird auch er dazu neigen, von einer alten und kalten, nicht mehr schweißenden Hochwildwundfährte auf eine frischere Fährte des allgegenwärtigen Rehwildes zu changieren. Um die Leistungsfähigkeit des Schweißhundes auf der Hochwildwundfährte zu erhalten, verzichten die Führer der Hannoverschen Schweißhunde also darauf, ihre Hunde auch auf Rehwild einzusetzen. Rehwild ist für den Schweißhund ungefähr dasselbe, was die Kaninchen für die Gebrauchshunde sind.
Ich weiß aus eigener Erfahrung, wie schwer oft Nachsuchen auf Rehwild sein können, insbesondere, wenn es sich um Lauf- oder Äserschüsse handelt. Dennoch sollte man Verständnis dafür haben, wenn der in einem solchen Fall zu Hilfe gerufene Schweißhundführer aus den eben dargelegten Gründen seinen Schweißhund nicht auf der Rehwildwundfährte einsetzen will. Es gibt viele gute und auch auf der Wundfährte erprobte vielseitige Gebrauchshunde, deren Führer sich über jede ihnen angebotene Nachsuche freuen. Wer sich ernsthaft um einen solchen Hund für eine Rehwildnachsuche bemüht, der wird immer einen geeigneten und bewährten Hund in seinem näheren Bereich finden.
Ein in der Riemenarbeit noch so guter Gebrauchs*teckel* wird selten in der Lage sein, ein Stück Rehwild mit Lauf- oder Äserschuß zu Stande zu hetzen oder gar niederzuziehen. In der schwierigen Hetze ist der Teckel einfach überfordert; er wird ein Reh auf drei Läufen kaum zu Stande jagen können, von einem in der Flucht völlig unbehinderten Stück mit Äserschuß ganz zu schweigen.
Ich möchte nicht mißverstanden werden: Ich will keinesfalls den

jagdlichen Gebrauchswert eines guten Teckels herabsetzen, es geht mir nur darum, die Grenzen seiner Einsatzmöglichkeit aufzuzeigen. Andererseits ist der gerecht geführte Teckel in der Riemenarbeit häufig den hochläufigen Gebrauchshunden überlegen; er ist mit seiner Nase eben näher am Boden und damit auch an der Wundfährte, außerdem hindern ihn seine kurzen Läufe an einer allzu hastigen und überpassionierten Suche mit der Gefahr des Haken-Überschießens und der auf der Wundfährte so unerwünschten Suche mit hoher Nase. Der Teckel steht seiner Herkunft nach eben doch den »Laufhunden« (Bracken) nahe und besitzt dementsprechende Anlagen zur Spur- und Fährtenarbeit.

Nach diesem Abstecher nun wieder zurück zum Anschuß.

Ich hatte schon gesagt, daß es nichts schadet, wenn der Schütze mit seinem eigenen Hund nach entsprechender Wartezeit die Wundfährte *am Riemen* arbeitet, soweit er die Arbeit kontrollieren kann und wenn die Pirschzeichen hoffen lassen, das nach kurzer Todesflucht verendete Wild zu finden. Dazu ist natürlich eine gewisse Kenntnis der Pirschzeichen notwendig.

Während das richtige Ansprechen von *Schnitthaar* meist die größere Erfahrung eines »Nachsuchenspezialisten« erfordert, ermöglicht es der *Schweiß* in vielen Fällen auch dem weniger erfahrenen Schützen, sich ein erstes ungefähres Urteil über den Sitz der Kugel zu bilden.

Lungenschweiß ist immer hellrot und blasig, oft vermischt mit fester Lungengewebesubstanz und häufig auch mit kleinen Rippenteilchen.

Weidwundschweiß ist demgegenüber immer dunkler und häufig gemischt mit Pansen- oder Weidsackinhalt. Äsungsteilchen aus dem Pansen bzw. dem Weidsack sind immer grob und in der Faserstruktur noch weitgehend erhalten. Stammt der Inhalt aus dem kleinen Gescheide, so sind die Teilchen bereits vorverdaut und aufgeschlossen, also schmierig, ohne daß noch eine Pflanzenfaser erkennbar ist.

Bei *Lebertreffern* ist der Schweiß immer sehr dunkel und griesig, oft findet man auch Leberteilchen.

Dem Leberschweiß recht ähnlich ist der Schweiß, den man

bei Treffern auf der *Milz* findet. Bei Leber- und Milzschüssen ist meist auch der Pansen bzw. der Weidsack mitgetroffen, besonders dann, wenn das Stück morgens – wenn Pansen bzw. Weidsack vollgeäst sind – beschossen wurde.

Sehr hellroter und schaumiger Schweiß (nicht blasig – das ist ein großer Unterschied!) deutet auf einen *Drosselschuß* hin. Hier ist der Schweiß häufig weit umhergespritzt und ausgehustet und erinnert sehr an geschlagene Himbeercreme.

Bei *Laufschüssen* findet man in den meisten Fällen *Knochensplitter*, aus deren Stärke und Krümmung man mit einiger Erfahrung die Höhe des Schusses angeben kann. Hier hört der Schweiß häufig bald nach dem Anschuß auf oder das beschossene Stück schweißt nur sehr sporadisch; nach langen schweißlosen Strecken kommen wieder Etappen mit guter bzw. ausreichender Schweißkontrolle.

Wildpretschweiß, also der Schweiß, der bei Streifschüssen oder Schüssen durch dicke Muskelpartien (Keule, bei der Sau auch der Kamm) zu finden ist, kann alle Farbvariationen von hell- bis dunkelrot haben, je nachdem, ob das Geschoß vorwiegend Venen mit dunklem, sauerstoffarmem Blut oder Arterien mit hellem, sauerstoffreichem Blut zerstört hat.

Viel Wildpret, viel Schnitthaar und vielleicht sogar noch Decken- oder Schwartenfetzen mit viel Schweiß deuten häufig auf *Streifschüsse* hin.

Ausgelaufenes Knochenmark wird oft mit Lungensubstanz verwechselt, ebenso Feist. Man kann sich jedoch Klarheit verschaffen, indem man die gefundene Substanz zwischen den Fingern verreibt. Lungensubstanz bleibt auch nach längerem Reiben so, wie sie vorher war. Knochenmark verflüssigt sich und löst sich sozusagen in Nichts auf. Feist wird fettig und schmierig und bildet einen richtigen Fettüberzug über die Fingerkuppen.

Wenn auf dem Anschuß nicht absolut eindeutig Lungenschweiß oder Weidewund-Leber-Milz-Schweiß liegt, sollte immer ohne Verzug ein erfahrener Hund zur Nachsuche geholt werden. Ein Kardinalfehler wäre es, den Hund auf dem Anschuß zu schnallen! Nur der Schweißriemen zwingt den Hund zu der Konzentration, die er braucht, um sich auf der Fährte festzusaugen und diese sicher voranzubringen.
Wenn der Hund das Stück am Riemen nicht findet, so wird er es in aller Regel bei freier Suche erst recht nicht zur Strecke bringen. Dies sind dann reine Zufallserfolge, die dazu noch den Hund bei häufiger Wiederholung für eine vernünftige Riemenarbeit unbrauchbar machen.
Es gibt keine forstliche Dickung, die so undurchdringlich wäre, daß der Führer mit seinem Hund nicht doch irgendwie durchkäme. Eine Ausnahme bilden manchmal die großen und schneegedrückten Schwarzdornverhaue, in denen man sich oft nur robbend vorwärtsbewegen kann. Wenn auch das nicht mehr geht, muß man solche Komplexe mit dem Hund am Riemen umschlagen.
Dem Totverbellen und Totverweisen muß immer eine saubere Riemenarbeit vorangegangen sein. Es ist niemals ein Ersatz dafür! Beide Dressurfächer kommen beim Gebrauchshund erst dann zum Tragen, wenn dieser am letzten Wundbett geschnallt wurde und das kranke Stück im Verlaufe der Hetze niedergezogen hat.
Totverbellen und Totverweisen sind also niemals Ersatz für die Riemenarbeit, allenfalls ein schöner Abschluß einer guten Riemenarbeit mit anschließender Hetze.
Die Leitung einer Nachsuche hat immer der Hundeführer; er hat in aller Regel die größten Erfahrungen im Umgang mit krankem Wild, und seinen Anweisungen und Bitten sollte immer Folge geleistet werden. *Den Fangschuß gibt grundsätzlich nur der Hundeführer*, es sei denn, es wurde vorher ausdrücklich etwas anderes vereinbart. Niemand darf sich dem Standlaut nähern, es sei denn, er wurde vom Hundeführer dazu beauftragt.
Dieser Grundsatz ist ungeheuer wichtig. Wem schon einmal die Kugel eines voreiligen Nachsuchenteilnehmers um die Ohren

geflogen ist, der wird verstehen, warum jeder Schweißhundführer um die Einhaltung dieser Regeln nachdrücklich bittet.
Ein weiterer wichtiger Punkt ist der Zeitpunkt, wann der Schütze bzw. Revierinhaber den Hundeführer von einer Nachsuche verständigen sollte. Alle Hundeführer haben noch einen kleinen Nebenberuf, mit dem sie sich ihre Brötchen verdienen müssen. Wenn ein Jäger aus purer Rücksicht erst um 9 Uhr vormittags den Hundeführer anruft, dann kann es sein, daß dieser gerade nicht zu erreichen ist und erst mittags wieder nach Hause kommt. Im Hochsommer und bei einer nachts beschossenen Sau können diese Stunden bewirken, daß die erst nachmittags gesuchte Sau bereits verhitzt ist, zumal wenn sie einen Weidewundschuß hat.
Ich habe deshalb die Jäger meines Nachsuchengebietes gebeten, mich auch um Mitternacht anzurufen, wenn sie bei Mondschein um 22 oder 23 Uhr eine Sau beschossen haben. Dann kann ich die Nachsuche morgens um 4 oder 5 Uhr beginnen; für den Hund sind die Morgenkühle und der Tau von großem Nutzen, und der Sau ist bestimmt noch nichts passiert. Außerdem bin ich zum normalen Dienstbeginn wieder zu Hause, denn auch der Dienst eines Forstmannes macht sich nicht von alleine.
Verübeln Sie es bitte auch dem um Hilfe gebetenen Hundeführer nicht, wenn er einmal aus zwingenden dienstlichen Gründen nicht kommen kann. Er wird aber immer bemüht sein, einen vollwertigen Ersatz zu vermitteln. Es sind dies natürlich Ausnahmefälle, aber es kann durchaus einmal sein, daß es nicht geht.
Dieser Fall kann auch eintreten, wenn nach einer Vollmondnacht das Telefon bei dem Hundeführer heißläuft und dieser sich vor Nachsuchen nicht retten kann. Hier gilt bei mir der Grundsatz »wer zuerst kommt, mahlt zuerst«. Mehr als zwei Nachsuchen nehme ich für einen Tag nicht an, sondern versuche immer, weitere Suchen an gute Hundeführer weiterzuvermitteln.
Den Zeitpunkt des Abbruches einer Nachsuche bestimmt ebenfalls allein der Hundeführer. Glauben Sie ihm, er hat bestimmt die größere Erfahrung, und kein Hundeführer wird leichtfertig eine noch aussichtsreiche Suche abbrechen und aufgeben.

»Hut ab« auch vor dem Hundeführer, der offen und ehrlich sagt, wann sein eigener Hund überfordert ist und nicht mehr weiterkommt. Dies kann natürlich auch bei einem noch jungen und unfertigen Spezialisten der Fall sein. Haben Sie Verständnis dafür, wenn er so ehrlich ist und Ihnen den Einsatz eines erfahreneren Hundes empfiehlt.
Der Schütze sollte sich auf die Verschwiegenheit und Diskretion der Hundeführer verlassen können. Der Hundeführer ist weder Jagdpolizist noch ein verlängerter Arm des Kreisjagdmeisters. Die Grenzen dieser Verschwiegenheit steckt jeder Hundeführer anders ab; ich kenne jedoch niemand, der sich das Vertrauen der Jäger durch Anzeige von »Läßlichen Sünden« verscherzen würde. Bei klaren Verstößen gegen jagdgesetzliche Bestimmungen – z. B. Schonzeitvergehen – liegen die Dinge sicher etwas anders.
Viele der hier aufgezeigten Grundsätze sind eigentlich Selbstverständlichkeiten. Es ist aber nötig, sich immer wieder an diese altbewährten Regeln zu erinnern und sich durch die mit einer bevorstehenden Nachsuche verbundene Aufregung nicht zu Leichtfertigkeit und Übereilung hinreißen zu lassen. Durch sein Verständnis für die sachgerechte Nachsuche und durch umsichtiges Verhalten kann jeder Jäger dazu beitragen, den Erfolg einer Nachsuche zu sichern und das kranke Wild von seinen Leiden zu erlösen.

Der Kondelwald

Ende 1973 wurde mir das Forstrevier Alf im Forstamt Wittlich-Ost übertragen. Das Revier wird begrenzt von den Flüßchen Alf und Ueß und kommt an deren Zusammenfluß bis auf einen Kilometer an die Mosel heran. Dort liegt auch der tiefste Punkt des Revieres mit etwa 120 m ü. N. N. Steilhänge mit über 80 Prozent Gefälle führen auf die 450 m ü. N. N. hohe Wasserscheide zwischen Alf und Ueß. Es ist ein Teil des Kondelwaldes, ein südliche Ausläufer der Eifel.

Eiche und Buche sind die dominierenden Holzarten. Auf nennenswerter Fläche wird die Eiche dort, wo sie aus Stockausschlägen hervorgegangen ist, zunehmend durch Douglasie ersetzt. Den Charakter eines Laubholzrevieres wird Alf aber mit Sicherheit behalten.

Alf ist ein Staatsjagdrevier; neben Rot- und Rehwild ziehen Sauen und Muffel hier ihre Fährten. Der Rotwildbestand ist mittlerweile zahlenmäßig »im Griff«, Schälschäden halten sich in tragbaren Grenzen.

Alf war ein fast reines Kahlwildrevier, die Hirsche gaben zur Brunft nur kurze Gastrollen. 1978 wurde erstmals seit Menschengedenken in Alf wieder ein Feisthirsch erlegt. Dies hat sich erst in allerjüngster Zeit etwas geändert. Im Nordteil des Revieres – zur Ueß hin – stehen jetzt auch außerhalb der Brunft immer mehrere Hirsche, die auch regelmäßig die Winterfütterung besuchen und ihre Stangen sozusagen als Dank abliefern.

So ist jetzt möglich, die Entwicklung einiger Hirsche über Jahre, belegbar durch die Abwurfstangen, zu verfolgen. Ich bin darüber ausgesprochen froh, denn ich gehöre leider nicht zu jenen,

mit Götterblick ausgestatteten Jüngern Huberti, die mit dem Brustton der Überzeugung das Alter eines ihnen völlig unbekannten Hirsches auf das Jahr genau ansagen können.
Ich bin immer recht froh, wenn es mir gelingt, den fremden Hirsche in das grobe Raster »jung« – »mittelalt« – oder »alt« einzustufen. Und auch dabei habe ich mich schon einige Male geirrt. Ich wundere mich auch immer wieder über jene Könner, die zielsicher aus einem Rudel ein sauber angesprochenes Wildkalb erlegen. Mir gelingt dies leider nie. Ich habe bis heute noch nicht herausgefunden, wie man während der normalen Jagdzeit sicher ein Hirsch- von einem Wildkalb unterscheidet – es sei denn, man hat das Glück und ein gutes Glas an den Augen, wenn solch ein Kalb gerade näßt ...
Wie beneidenswert sind doch jene Jäger, deren Glaube an die eigene Unfehlbarkeit noch durch keinerlei eigene praktische Erfahrungen getrübt ist!
Der Schwarzwildbestand ist zahlenmäßig schwankend und infolge der teilweisen Übernutzung in den angrenzenden Revieren qualitativ schlecht. In den Grenzrevieren entstehen natürlich auch die Feldschäden, und es ist selbstverständlich, daß dort die Sauen schärfer bejagt werden müssen als hier im geschlossenen Staatswald. Starke Sauen haben Seltenheitswert, und mutterlose Frischlingsrotten gehören leider zum alljährlichen Bild.
Das Muffelwild wurde Ende der fünfziger Jahre hier in Alf ausgesetzt. Nach einer stürmischen Aufwärtsentwicklung bis in die siebziger Jahre verschwanden die Muffel bis auf geringe Reste. Ein markierter Widder wurde im Endertal bei Cochem, dem räumlich am nächsten liegenden Muffelvorkommen, erlegt (ca. 20 km entfernt). So ist anzunemen, daß ein großer Teil unserer Muffel dorthin abgewandert ist.
Über die Gründe dafür kann man nur spekulieren. Äußere Anläße hat es jedenfalls keine gegeben. Der jährliche Abschuß lag immer wesentlich tiefer als die bekannte Zahl der Lämmer. Ich vermute, daß der zunehmende Druck des Rotwildes die Muffel zum Abwandern bewogen hat. Wenn auch in der Literatur häufig behauptet wird, daß sich Rot- und Muffelwild gut vertrügen, so kann ich das aus eigenen Beobachtungen nicht bestätigen. Zu

oft habe ich erlebt, daß Muffel, die auf einer Äsungsfläche standen, von anziehendem Rotwild regelrecht gehetzt wurden. Besonders Spießer und Schmaltiere machten sich einen richtigen Spaß daraus, die Muffelrudel von den Wiesen wegzusprengen. Im Endertal steht kaum Rotwild, dort ist der Muffel *die* dominierende Schalenwildart.

Von 1973 bis 1981 wurden ein Widder Ia, zwei Widder Ib und zwei Widder IIb in Alf erlegt. Schafe und Lämmer werden nicht mehr bejagt, um den Restbestand nicht völlig aufzureiben und möglichst wieder einen bejagbaren Muffelbestand heranzuhegen.

Das Rehwild nimmt naturgemäß den Löwenanteil an der Jahresstrecke ein. Der Abschuß beträgt heute über 6 Stück auf 100 ha Jagdfläche gegenüber 3 bis 4 Stück vor zehn Jahren. Die Gehörnqualität und die Wildpretgewichte sind merklich gestiegen. Der in Zahl und Qualität richtige Abschuß des weiblichen Rehwildes ist eine Schwerarbeit geworden.

Mehr als die Hälfte des weiblichen Abschusses muß vor Beginn der Hirschbrunft getätigt sein, sonst kann man den hohen Abschuß nicht schaffen. Leider ist die Zahl der Jäger, die bei der Durchführung des Abschusses des weiblichen Rehwildes mithelfen, nicht annähernd so groß wie die Zahl der Rehbockgäste.

Gegenüber den Schalenwildarten spielt das Niederwild eine absolut untergeordnete Rolle. In den letzten zehn Jahren wurde in Alf ein einziger Hase erlegt! Eine stärkere Bejagung der häufigen Ringeltaube unterbleibt mit Rücksicht auf die Ruhe im Hochwildrevier. Der Fuchs ist durch die Tollwut und die zu ihrer Bekämpfung notwendigen Maßnahmen erheblich zurückgegangen. Hin und wieder ziert ein Fuchs die Strecke winterlicher Drückjagden.

Bemerkenswert ist noch das Vorkommen von Haselwild in Restbeständen und von Wildkatzen. Das Haselwild hält sich bevorzugt im Bereich einer Stromleitungsschneise auf, die das ganze Revier in Nord-Süd-Richtung durchschneidet. Sie ist 70 Meter breit und 2,6 Kilometer lang. Bestockt ist die Trasse mit allen vorkommenden Weichhölzern und ausgedehnten Brombeerfeldern. Es liegt auf der Hand, daß diese ökologische Zelle

ein Magnet für alle Wildarten ist, insbesondere im Winter, wenn die winterharte Brombeere als Äsung hochwillkommen ist.
Der Einschlag der Eichen wird zeitlich *auch* nach jagdwirtschaftlichen Gesichtspunkten gesteuert. Mit Beginn des Holzeinschlages nach dem Laubfall wird die Eichendurchforstung so durchgeführt, daß das Wild in allen Revierteilen an die Knospenäsung der Eichenkronen herankommt, wo immer dies möglich ist. So ist eine zusätzliche Winterfütterung nur bei lang anhaltenden Schneelagen nötig.
Sicher ist diese Art der »Winterfütterung« naturgemäßer als Kraftfutter- und Heugaben, die dazu noch den Nachteil haben, das Wild an die Fütterungen zu konzentrieren und damit auch in den fütterungsnahen Beständen die Schälschäden oft drastisch zu erhöhen. Dies besonders dann, wenn solche Fütterungen auch noch inmitten besonders schälgefährdeter Fichtendickungen angelegt sind. Hier zieht das Wild von einem Eichenschlag zum anderen, die Schälschäden verteilen sich und sind insgesamt auch geringer als um die großen Fütterungen anderer Hochwildreviere.
Der Abschuß wird zu weit über 90 Prozent auf Ansitz und Pirsch getätigt. Eine große Zahl ziviler, revierloser Jäger sind daran beteiligt. Gelegentliche kleine Drückjagden auf gekreiste Sauen oder auf Rotwild bestätigen als Ausnahme nur die Regel.
Der gesamte Staatswaldkomplex von etwa 2 000 Hektar wird nur von zwei öffentlichen Straßen (eine Kreisstraße und eine von der Forstverwaltung zu unterhaltende öffentliche Straße) durchschnitten. So ist das Revier noch verhältnismäßig ruhig und wenig gestört. Hier kommen uns und dem Wild sicher auch die Steilhänge zugute; Spazierwege auf der Ebene gibt es kaum, die meisten führen entweder steil bergab oder bergauf.
Das relativ dichte Wegenetz ist von den öffentlichen Straßen her durch Schranken abgesperrt, und zwar in erster Linie aus Sicherheitsgründen. Die Wege entlang oder durch die Steilhänge sind nicht so ausgebaut, daß sie für den öffentlichen Verkehr freigegeben werden könnten. Zahlreiche Park- und Rastplätze mit Bänken und Grillmöglichkeiten entlang der öffentlichen Wege halten außerdem Waldbesucher von weiteren Ausflügen ab.

So ist der Kondelwald trotz der unmittelbaren Nähe eines Staatsbades mit dem unvermeidlichen Kurbetrieb bemerkenswert ruhig und ungestört. Das Wild steht hier noch am hellen Tage auf den Wiesen oder sitzt in den offenen Beständen.
Hier im Kondelwald beschränkt sich eine erfolgversprechende Jagdausübung noch nicht ausschließlich – wie häufig in anderen Revieren – auf wenige Stunden oder gar Minuten am frühen Morgen oder späten Abend. Hier kann man noch eine Sau nachmittags zur Kaffeezeit bei der gemütlichen Pirsch erlegen, wofür man sich anderswo Nächte um die Ohren schlagen müßte.
Einige Wildwiesen sind angelegt und werden alljährlich gemäht und gedüngt sowie nachgesät, wo Schwarzwild die Grasnarbe aufgebrochen hat. Sie sind naturgemäß von Frühjahr bis Herbst ein Magnet für Rot-, Reh- und Muffelwild und werden auch gerne von den Sauen besucht.
Das jagdliche Herz des Revieres Alf schlägt an der »Saalswiese«, etwas über einen Hektar groß und in einem herrlichen Talkessel gelegen. Diese Wiese ist begrenzt vom Saalsbach und der dahinter liegenden Wildnis der schon erwähnten Stromleitung, einer als Einstand sehr beliebten Douglasiendickung und einem weiträumigen Eichen-Altholz. Die Saalswiese ist außerdem der Hauptbrunftplatz des Alfer Revieres.

Hirsche, Widder, Sauen und ihre Jäger

Neben einer großen Zahl eingewiesener Jagdgäste auf Rehböcke habe ich alljährlich auch mindestens einen Gast auf einen Hirsch zu führen. Ich erwähnte schon, daß Alf bis in die jüngste Zeit ein reines Kahlwildrevier war und ein Hirsch also fast ausschließlich in der Brunft zu haben war.

Ich weiß nicht, woran es liegt, aber unsere Hirsche hier scheinen es mit der ehelichen Treue nicht sehr ernst zu nehmen. Selten steht ein Hirsch länger als zwei oder drei Tage bei *einem* Rudel, dann ist er weg und ein anderer hat seinen Harem übernommen. Im Hochwald dagegen war und ist es die Regel, daß bestimmte bekannte Hirsche alljährlich ihre Brunftplätze einnehmen und dort wochenlang ihre Pflichten erfüllen. Hier im Kondel sieht man in der Brunft immer 10 bis 15 verschiedene Hirsche, die sich an der Brunft beteiligen, aber selten sieht man einen Hirsch mehrere Male.

Ein Gast aus der näheren Umgebung hatte einen IIb-Hirsch beantragt, und die Ministerialforstabteilung hatte ihm seinen Wunsch erfüllt. Er wurde nach Alf eingewiesen. Da er nur sechs Kilometer entfernt wohnte, konnten wir die Sache schon früh angehen. So begannen wir bereits Ende August mit Ansitz und Pirsch – mir war damals die Aussichtslosigkeit einer Hirschjagd außerhalb der Brunft noch nicht so ganz klar geworden, ich war erst ein knappes Jahr in Alf.

Von Anfang September an sahen wir auch mehrfach auf sehr weite Entfernungen suchende Hirsche, aber es war kein passender unter ihnen. So verging die Zeit, und die Brunft setzte um die Septembermitte voll ein. Das Saalswiesenrudel wurde beherrscht von einem jungen Kronenzehner, den wir einige Male sahen. An einem regnerischen Abend saßen wir wieder einmal auf dem Hochsitz an der Saalswiese, aber außer einem starken Wildkuder, dem der Regen nichts ausmachte, ereignete sich zunächst nichts. Etwa eine halbe Stunde vor Ende des Büchsenlichtes fing jenseits der Wiese im Eichenaltholz ein Hirsch mit guter Stimme an zu schreien. Er wollte jedoch anscheinend nicht auf die Wiese ziehen, sondern auf eine Fichten-Douglasien-Kultur am Gegenhang. So machten wir kurz entschlossen einen Stellungswechsel in einen Erdschirm oberhalb der besagten Kultur.

Kaum waren wir angekommen, zog auch schon Kahlwild aus den Eichen auf die Fläche, gefolgt von dem Kronenzehner, den mein Gast wegen seiner weiß blitzenden Kronenenden mittlerweile »Kronleuchter« getauft hatte. Das Rudel zog langsam unter uns über die Fläche. Um etwas Leben in die ganze Angelegenheit zu bringen, holte ich die Tritonmuschel aus der Manteltasche und knörte. Der Hirsch warf sich herum und kam hochflüchtig den Steilhang herauf. Kaum sechs Schritte vor dem Schirm – wir waren in volle Deckung gegangen – schrie er uns aus vollem Halse an. Käsebleich saß mein Gast neben mir, so etwas hatte er noch nicht erlebt. Es war allerdings auch für mich das erste Mal, daß ich an einem lebenden Hirsch die Grandeln sehen konnte.

Nach einigen Sekunden trollte der Hirsch wieder zurück zu seinem Harem. Auch wir verdrückten uns und fuhren nach Hause.

Der nächste Morgen fand uns wieder in diesem Schirm. Der »Kronleuchter« schrie recht gut und zog bei beginnendem Licht mit seinem Rudel in eine schmale, hinter uns liegende Dickung. Im allerersten Licht hatte ich einen zweiten Hirsch für Sekunden gesehen, der von der Fläche in den angrenzenden Eichenbestand gewechselt war. Mein Gast hatte davon nichts bemerkt. Ich hoffte nun, dieser Hirsch, den ich allerdings nicht hatte ansprechen können, würde irgendwann dem Rudel folgen und dann auch zwangsläufig über die Fläche ziehen müssen.

Über eine Stunde verging, und es tat sich gar nichts. In der Ferne meldete ab und an noch ein Hirsch. Da knackte unter uns in den Eichen deutlich vernehmbar ein Ast, und ein geringer Achter zog mit tiefem Windfang auf der Duftbahn des Rudels auf die kleine Einstandsdickung zu. Der Hirsch hatte sicher den 4. Kopf, war also nach unseren Abschußrichtlinien IIb, wenn auch an der unteren Grenze. Mein Gast führte einen Drilling mit dem Kugelkaliber 7 × 65 R. Nun halte ich von allen 7-mm-Geschossen auf Hochwild nicht sehr viel, auf einen Brunfthirsch aber rein gar nichts. So überredete ich ihn, mit meiner Büchse Kaliber 8 × 68 S zu schießen. Es klappte auch alles sehr schön, im Knall warf sich der Hirsch herum, und ich sah deutlich einen Vorderlauf schlenkern. Das hätte er auch mit seiner 7 × 65 hinbekommen, dachte ich im stillen. Von meiner Diagnose wollte der Gast jedoch nichts wissen; er sei bestens abgekommen und wenn, dann läge es natürlich ausschließlich an meinem Gewehr!

Wir gingen gar nicht erst zum Anschuß, sondern fuhren zum Frühstück nach Hause. Dort trommelte ich telefonisch einige Kollegen zusammen, und wir trafen uns einige Stunden später am Anschuß. Balda verwies auch sofort einen Knochensplitter von beachtlicher Größe, der einwandfrei vom hohen Lauf stammte. Wie das bei Laufschüssen so ist, der anfänglich reichliche Schweiß ließ bald nach, und schon nach einigen hundert Gängen im hohen Eichenaltholz fanden wir nur noch ab und an ein winziges Tröpfchen. Der Hirsch war dann in eine ausgedehnte Fichtendickung gewechselt.

Nun war ich gar nicht froh bei dem Gedanken, in der Hochbrunft das ganze Revier auf den Kopf zu stellen, was ja bei einer Nachsuche und der zu erwartenden Hetze unvermeidlich sein würde. Mit den vorhandenen Schützen stellten wir die Dickung ab, so gut es eben ging. Nach der vereinbarten Wartezeit ließ ich Balda weiterarbeiten. In der Dickung war die Kontrolle besser; der auf drei Läufen ziehende Hirsch hatte im dicken Rohhumus regelrecht gegrubbert. In einer kleinen Laubholz-Gruppe wurde der Hirsch aus dem Wundbett hoch. Ich hielt Balda an und zählte langsam bis 30 in der vagen Hoffnung, der Hirsch möge draußen einem der vorgestellten Schützen langsam kommen und möglichst nicht vorbeigeschossen werden! Aber es passierte nichts. So streifte ich Balda die Halsung über den Kopf, wie ein roter Pfeil schoß sie auf der warmen Fährte davon. Ich konnte

Balda gerade noch sehen, da fiel draußen ein Schuß und kurz darauf noch einer. Sekunden später die ersten Töne des „Hirsch tot“ auf dem Jagdhorn, dann ein weiterer Schuß und die Fortsetzung des Signals.
Was war geschehen?
Der Hirsch war programmgemäß bei meinem Nachbarkollegen gekommen, hatte beide Fangschüsse quittiert und war nach wenigen Fluchten zusammengebrochen. So blies er auf seinem Horn den Anfang vom „Hirsch tot“, als Balda auf der Fährte erschien und den vermeintlich verendeten Hirsch wieder hochmachte. Rasch wurde wieder Horn mit Büchse vertauscht, und auf den dritten Fangschuß machte der Hirsch endgültig sein Testament.

*

Ein Jäger aus der Pfalz war auf einen IIc-Hirsch eingewiesen worden. Es sollte sein erster Hirsch, ja sein erstes Stück Rotwild überhaupt werden. Nun war es mit diesem sehr netten Herrn nicht ganz einfach. Er war schwer gehbehindert (einseitig amputiert) und hatte es außerdem noch mit seiner Cognacpumpe. So blieben nur wenige Ansitzmöglichkeiten für ihn; steile Pirschpfade und sehr hohe Kanzeln fielen aus. So richteten wir uns im wesentlichen auf einen Daueransitz an der Saalswiese ein.
Wir sahen auch einige Hirsche; ja einmal zog aufreizend vor uns im hellen Sonnenschein ein geringer Spießer die Wiese hinauf und herunter, aber für diesen wirklich netten Herrn und grundanständigen Jäger sollte es schon etwas Besseres werden. Einen Spießer, so hoffte ich, würden wir – wenn alles schief laufen sollte – gegen Ende der Brunft immer noch bekommen.
So saßen wir auch am Morgen des 1. Oktober wieder vor Tau und Tag auf dem Hochsitz an der Saalswiese. Ein Hirsch schrie »aus voller Kehl und frischer Brust« oberhalb in den Eichen. Wir hatten in jenem Jahr eine gewaltige Eichel-Vollmast, und das Wild stand fast ausschließlich in den Eichenalthölzern; die Wiesen boten wenig Attraktion.
Im allerersten Licht sahen wir schließlich auf der Wiese einen

dunklen Schatten ziehen; wie es schien ein Beihirsch, der lüstern die Betten und Fährten des Brunftrudels untersuchte, das in der Nacht doch wohl einige Stunden auf der Wiese geäst hatte. Ich versuchte krampfhaft, Einzelheiten zu erkennen, aber es war einfach noch zu dunkel. Schließlich war ich wenigstens sicher, daß es ein geringer Hirsch sein mußte. Ich flüsterte dies meinem Gast zu, der mir daraufhin gestand, daß er an diesem Tag seinen Geburtstag feierte. Nun stand ich ja beinahe unter Efolgszwang. Der geringe Hirsch war inzwischen bis an den Rand der Eichen dem Rudel nachgezogen.
Ich holte also wieder die Muschel aus der Tasche und mahnte den Hirsch an. Sofort machte er kehrt und stand zu. Das reichte wenigstens, um klar anzusprechen, daß er oberhalb der Mittelsprossen beiderseits nur auslaufende Stangenenden hatte. Also mußte es ein Sechser und damit ein IIc-Hirsch sein, dazu noch vom mindestens 3. Kopf.
Der Hirsch hatte sich wieder in Richtung des immer noch in den Eichen hörbaren Rudels in Bewegung gesetzt, ich mahnte ihn nochmals an und forderte meinen Gast auf zu schießen.
Im Knall warf es den Hirsch herum, und er flüchtete, sichtlich krank, die Wiese abwärts. Nach etwa 50 Fluchten wurde er langsamer und begann zu wanken. In diesem Moment fiel der zweite Schuß, der Hirsch wurde wieder flotter und schaffte gerade noch den Laubholzstreifen am Saalsbach. Im Verschwinden glaubte ich aber, die Läufe in der Luft gesehen zu haben.
Ich sagte meinem Nachbarn, daß der Hirsch wahrscheinlich in den Bacherlen zusammengebrochen sei. Aber es kam keine Antwort; blau angelaufen saß er neben mir und kämpfte um Luft. Sein Herz war der Aufregung nicht gewachsen. Es dauerte lange, bis er sich soweit gefangen hatte, daß wir die Kanzel verlassen und langsam Richtung Anschuß gehen konnten. Schließlich standen wir am Hirsch, der trotz zweier im Leben sitzender Kugeln noch die weite Strecke über die ganze Wiese bis an den Bachlauf geschafft hatte.
Beim Wenden des Hauptes traf *mich* dann fast der Schlag: Der Hirsch hatte an einer Stange eine kleine Eissprosse, war somit nach unseren damaligen Abschußrichtlinien ein IIb und kein IIc, wie ihn dieser Gast eigentlich nur freihatte.

Der Leiter unseres Forstamtes hatte im Nachbarrevier angesessen und die Schüsse gehört. Ich war gerade mit dem Aufbrechen fertig, als sein Wagen anrollte. Er hatte Verständnis und gratulierte herzlich zu Hirsch und Wiegenfest. Wie es der Zufall so wollte, hatte der Gast im Kofferraum seines Autos die halbe »Deutsche Weinstraße« in Form edelster Gewächse mitgebracht.
Es wurde ein Begräbnis allerersterster Klasse!

*

In den ersten Monaten meiner Tätigkeit in Alf wurde der Leiter der Forstdirektion Koblenz, Abteilungsdirektor Harlfinger, auf einen jagdbaren Muffelwidder eingewiesen. Herr Harlfinger war zehn Jahre lang Leiter unseres Forstamtes gewesen und dank seiner Initiative waren die Muffel hier im Kondel ausgesetzt worden.
Ein hochjagdbarer Widder war mir bekannt, nur wußte ich damals zu wenig über die Lebensgewohnheiten und die revierspezifischen Wechsel der Muffel. Wir jagten verbissen nahezu jedes Wochenende, sahen auch geringere Widder, aber der Starke machte sich unsichtbar. Am letzten Wochenende im Januar hätte es dann doch noch um die berühmte Haaresbreite geklappt.
Wir pirschten auf einem Weg durch ein Eichenaltholz, als unter uns im Hang im wallenden Nebel sieben Widder auftauchten. Sofort gingen wir hinter einer dicken Eiche in volle Deckung, Herr Harlfinger machte sich fertig, und ich hatte auch sofort den starken Widder im Glas. Aber das Rudel war in ständiger Bewegung, und ich konnte nichts tun, als nur meinem Chef zuzuflüstern, an welcher Stelle des ziehenden Rudels der gesuchte Widder gerade war.
Da aber Herr Harlfinger sein Zielfernrohr auf eine zu große Vergrößerung eingestellt hatte, sah er immer nur einen oder höchstens zwei Widder im Zielglas, und so nutzte ihm meine Standortbeschreibung wenig. Er wollte auch auf keinen Fall einen falschen Widder schießen, und so zogen sie im Nebel dahin und verschwanden schließlich. Vorbei – vertan.

Es war der 27. Januar und somit das letzte Wochenende in der Jagdzeit. Nach dieser Pirsch verzichtete Herr Harlfinger auf seinen Widder und gab für die letzten Tage dieser Jagdzeit den Widder dem Forstamt zurück. Wenn sich noch eine Chance bieten sollte, dann sollte sie von einem der Beamten des Forstamtes genutzt werden können.

Der Leiter unseres Forstamtes, Oberforstrat Bornmüller, gab mir daraufhin großzügig diesen Widder zum Abschuß frei. Der nächste Morgen sah mich wieder draußen, dort, wo die Widder am Vortag gewesen waren. Und tatsächlich, sie kamen wieder, vereint mit einem Schafrudel, zusammen so an die zwanzig Muffel.

Ich habe sonst nicht übermäßig unter Hemmungen zu leiden, aber hier konnte ich doch nicht so einfach diesen hochjagdbaren Widder schießen. So ließ ich ihn schweren Herzens ziehen und schoß statt dessen ein uraltes, weißköpfiges und nicht führendes Schaf.

Zu Hause telefonierte ich dann mit dem Forstamtsleiter, und er hatte für meine Hemmungen durchaus Verständnis. Ich wurde den Verdacht nicht los, daß die Freigabe dieses Widders an mich ohnehin nur ein »Test« sein sollte. Da ich nach der Erlegung des Schafes das Rudel vertraut einige hundert Meter talwärts hatte äsen sehen, bot ich Herrn Bornmüller an, doch zu einem Vormittagsansitz nach Alf zu kommen und es selbst auf den Widder zu versuchen. Eine halbe Stunde später war er da, und wir setzten uns auf einen Hochsitz, der mir aussichtsreich erschien. Er lag der Zugrichtung des Muffelrudels etwa 500 Meter vorgelagert.

Wir hatten uns gerade je eine Zigarette angezündet, als aus den Eichen vor uns ein Schaf herauszog. Sekunden später quoll das ganze Rudel auf den Loshiebstreifen, mitten drin der starke Widder. Wunschgemäß zog er durch das Rudel auf eine Felsrippe und stand dort scheibenbreit wie ein Standbild.

Im Knall fuhr das Rudel durcheinander – ein Zeichnen des Widders hatte ich nicht sehen können – und flüchtete geschlossen in die Eichen zurück. Auf einer einsehbaren Fehlstelle verhofften die Muffel, mittendrin der beschossene Widder, und flüchteten

schließlich weiter hangaufwärts. Ich war sicher, daß der Chef vorbeigeschossen hatte! Das allerdings hielt er für völlig ausgeschlossen; er sei bestens abgekommen.
Eine ganze Strecke hangaufwärts passierte das Rudel wiederum eine Bestandslücke. Ich hatte das Glas an den Augen, und da war der Widder nicht mehr dabei.
Vom Anschuß aus sahen wir den Widder liegen, etwa 60 Gänge hatte er noch geschafft. Die Kugel saß bestens; ich wußte damals noch nicht, wie schlecht Muffel auf die Kugel zeichnen. Der Widder brachte über 200 Punkte und war acht Jahre alt. Die gegerbte Decke schenkte mir Herr Bornmüller mit der Bemerkung, er hätte mir diesen Widder ja gleich in doppeltem Sinne zu verdanken. So sei es nicht mehr als recht und billig, wenn er die Schnecken und ich die Decke an der Wand hätten.
Herr Harlfinger hatte auf diesen Widder sicher 15 Wochenenden angesessen und gepirscht. Herr Bornmüller erlegte ihn nach knapp zehn Minuten.

*

Zwei Jahre später pirschte ich wiederum mit Herrn Harlfinger auf einen starken Widder. Es wollte und wollte nicht klappen. Wir sahen die Muffel höchstens mal auf weite Entfernung oder vom Auto aus. Unvergessen bleibt allerdings ein Ansitzmorgen am Silverstertag, als zwei starke Hirsche uns im reifverzauberten Eichenaltholz fast eine Stunde lang in Atem hielten. Sie zogen so nahe am Schirm vorbei, daß wir uns kaum rühren konnten.
An einem Samstagnachmittag Ende Januar waren wir auf dem Weg zum Ansitz und gingen ohne besondere Vorsicht auf einem häufig begangenen und befahrenen Talweg. Ich war vielleicht einen Schritt voraus und kam somit auch als Erster an eine kleine Kuppe, die den Blick auf eine verwilderte Ödlandfläche freigibt. Es haute mich fast um – dort standen äsend einige Widder, darunter der gesuchte Jagdbare! Ich sank in mich zusammen, Herr Harlfinger hatte auch sofort den Ernst der Lage begriffen und legte auf meiner Schulter auf. Das Entsichern war aber wohl doch nicht lautlos genug vor sich gegangen; unmittelbar vor uns

tauchte hinter einer niedrigen Hecke das Haupt eines Schafes auf, ein schriller Pfiff, und wir sahen nur noch flüchtende Spiegel.

Es lag eine leichte Schneedecke, die Eichenkronen waren winterlich entlaubt, und so konnten wir das Rudel noch eine ganze Weile beobachten. Sie beruhigten sich auch rasch und begannen – allerdings außer Schußweite – wieder zu äsen. Sie waren wohl Störungen auf diesem Weg gewöhnt.

Nun pokerte ich mit der Neugier der Muffel und stieg mit Herrn Harlfinger parallel zum Rudel in den Gegenhang ein in der Hoffnung, vielleicht auf Schußnähe heranzukommen. Optisch mußte es ja aus der Sicht der Muffel so aussehen, als ob wir uns entfernten.

Es klappte auch recht gut; der gesuchte Widder stand abseits des Rudels sichernd an einer Felsrippe. Ich klemmte mich an eine Eiche, und Herr Harlfinger legte auf meiner Schulter auf. Im Knall flüchtete das Rudel durcheinander, formierte sich und kam – der starke Widder vorneweg – dicht an uns vorbei. Der Widder war fraglos gesund.

Auf meine lautlose Diagnose »vorbei« die Antwort: »Was wollen Sie eigentlich, da liegt er doch!«

Mir wurde leicht schwindlig; Herr Harlfinger hatte einen falschen Widder erlegt. Wir trauten uns eine ganze Weile gar nicht nachzusehen, was wir nun angerichtet hatten, aber es konnte ja eigentlich nichts Gutes sein.

Nachdem die Schreckminute abgeklungen war, stieg ich zu dem erlegten Widder in den Gegenhang. Was dort lag, war ein sehr geringer, dreijähriger Widder ohne jede Drehung der Schnecken nach außen. Ein potentieller Einwachser, wie er im Buche steht. »Den Seinen gibts der Herr im Schlaf.«

Wiederum zwei Jahre später erlegte Herr Harlfinger dann doch noch seinen »Pensions-Widder«, einen Siebenjährigen mit erheblichem Symmetriefehler der beiden Schnecken zueinander. Sozusagen ein klassischer Ib!

An diesem Nachmittag in der Brunft konnte ich nicht mit zum Ansitz. Ein Jagdscheinbewerber-Seminar blockierte meine Zeit. Der Widder kam mit einigen Schafen auf einen Loshiebstreifen gezogen und erhielt programmgemäß die Kugel auf den Trägeransatz, die ihn auf den Fleck bannte. Ein vollreifer, jagdbarer Widder, der durch die Asymmetrie seiner Schnecken noch uriger wirkte.

*

Ein Zahnarzt aus unserer Landeshauptstadt sollte in Alf einen IIb-Hirsch schießen. Ich war nun ja schon aufgeklärter und bestellte ihn zur Brunft, wobei wir uns eine Woche intensiv dem Hirsch widmen wollten.
Die Brunft war über das Stadium der Ouvertüre noch nicht hinausgekommen. Hie und da meldete mal faul ein Hirsch, aber es war noch kein Pfeffer in der Soße. Am dritten Tag saßen wir morgens an der Saalswiese, es war noch sackdunkel und selbst auf der hellen Wiese noch nichts zu erkennen. Wir glaubten dennoch, einige Male das typisch schlurfende Geräusch ziehenden Wildes im Gras gehört zu haben. So langsam dämmerte es, und mit vor Anstrengung tränenden Augen sahen wir schließlich ein gutes Dutzend Stück Kahlwild verstreut auf der Wiese äsen. Da löste sich vom jenseitigen Dickungsrand ein Hirsch und zog quer durch das Rudel, ständig flehmend und auf der Suche nach einem Hauch von Brunftwittrung. Aber es war offenbar noch zu früh, keines der Stücke schien schon brunftig zu sein.
Ich gab mir alle Mühe, den Hirsch anzusprechen. Den 6. bis 7. Kopf mochte er schon haben, aber aus dem Geweih wurde ich nicht so recht klug. Zog er breit oder spitz von uns fort, so hatte er eindeutig auf der einen Seite eine Krone, auf der anderen aber nur eine Gabel. Zog er dagegen spitz auf uns zu, so waren auf beiden Stangen eindeutig Kronen zu erkennen. Ich muß hier einflechten, daß der Hochsitz erheblich höher steht als die Wiesenfläche, man also die ganze Szenerie sehr »von oben herab« beobachtet.
Es war inzwischen völlig hell geworden, leichter Bodennebel lag über dem ganzen Talkessel – aber ich war mir immr noch nicht klar geworden. Dreimal hatte ich schon meinem Gast die Auflassung zum Schießen gegeben, dreimal hatte ich ihn wieder ge-

stoppt, weil der Hirsch zum Hochsitz hin wendete und uns wieder beiderseitige Kronen vorzeigte.
Schließlich zog er ganz langsam breit am Hochsitz vorbei, und da gab es eigentlich keinerlei Unklarheit mehr, daß es ein ungerader Kronenzehner war, ein einseitiger Kronenhirsch vom sicher 6. Kopf.
Ich gab zum vierten Male das Feuer frei, der Schuß ließ auch nicht lange auf sich warten. Nach wenigen taumelnden Fluchten brach der Hirsch noch auf der Wiese zusammen. Wenig später stand ein glücklicher Jäger an seinem ersten Hirsch.
Wir versuchten nun, das Phänomen aufzuklären, warum uns der Hirsch je nach Stellung zum Hochsitz als einseitiger bzw. doppelseitiger Kronenhirsch erschienen war.
Dadurch, daß der Hochsitz erheblich höher stand als der Wiesengrund, erschien in der nach vorne offenen Gabel der kronenlosen Stange die Spitze der Mittelsprosse und gaukelte eine nicht vorhandene Krone vor, wenn er spitz auf uns zu zog. Eine optische Täuschung, die uns den Hirsch hätte kosten können, wenn das Wild nicht an diesem Tage gegen seine sonstige Gewohnheit sehr lange nach Hellwerden auf der Wiese verblieben wäre.
Dem einen sin Uhl . . .

*

Ein junger Kollege, den man in den totalen Innendienst auf der Forstdirektion verbannt hatte, sollte bei mir seinen ersten Hirsch schießen. Im ersten Jahr klappte es nicht; wir sahen einfach keinen passenden IIb. So erlegte er lange nach der Brunft auf frivol weite Entfernung einen geringen Spießer, dem er die Kugel sauber antrug. So wußte ich, daß ich ihm in dieser Beziehung einiges zutrauen konnte.
Hier im Kondelwald muß man unter Umständen auch einmal einen weiten Schuß riskieren, sonst bleibt man die meiste Zeit Schneider. So erstand ich kurz nach meiner Versetzung nach hier eine Repetierbüchse im Kaliber 8 × 68 S, eingeschossen auf 175 Meter.
Mit dieser Waffe habe ich nicht eine einzige Pleite erlebt, ja ich

behaupte heute noch, daß dieses Kaliber wie vielleicht kein anderes in Deutschland hergestelltes Rasanz und Wirkung auf schweres Wild optimal vereint. Ich wurde dennoch nicht glücklich mit dieser Waffe und habe sie nach vier Jahren verkauft. Dafür konnte allerdings die Waffe gar nichts, sondern schon der Anschaffung war ein Gedankenfehler vorausgegangen: Was sollte ich machen, wenn ich im Herbst auf Kahlwild oder Hirsch ansaß und mir bei einer solchen Gelegenheit ausgerechnet die schon lange gesuchte Ricke mit den zwei erbärmlich schwachen Kitzen begegnete? Einige Male schoß ich trotzdem; die Kitze sahen schrecklich aus, man konnte durch die erlegten Stücke bequem Zeitung lesen.

So ließ ich mir bei Krieghoff einen Bergstutzen mit der Kaliberkombination 9,3 × 74 R/5,6 × 50 R Magnum, ausgerüstet mit einem Zeiß Diatal 8 × 56, bauen. Obwohl ich auch heute noch glaube, daß eine solche Waffe der absolute Idealfall für die Verhältnisse eines gemischten Schalenwildrevieres ist, trennte ich mich bald wieder von ihr.

Ich bin Forstmann und Jäger, die Waffe ist mein täglicher Begleiter, ob ich nun nur forstlich unterwegs bin oder forstliche und jagdliche Tätigkeiten miteinander verbinde. Mit dem teuren Bergstutzen kam ich mir vor wie jemand, der mit einem Rolls-Royce Geländefahrten macht. Eine solch schöne und teure Waffe ist doch besser für den geeignet, der sie nur bei gutem Wetter aus dem Waffenschrank holt.

So kaufte ich mir einen Steyr-Mannlicher-Stutzen im Kaliber .30 = 06 und komme mit ihm sehr gut zurecht. Sicher wirkt auch diese Patrone (Brenneke TUG) auf schwaches Rehwild etwas zu brutal, aber auf alles Hochwild ist die Wirkung sehr gut.

*

Im kommenden Jahr kam der Kollege wieder, und ich setzte alles dran, ihn diesmal nicht ohne Trophäe abreisen zu lassen. Leider spielte das Wetter nicht mit. Es war viel zu warm und regnete – von kurzen Pausen abgesehen – ununterbrochen.

Auf der Saalswiese tat sich noch nichts. Geringe, aber nicht passende IIa-Hirsche gaben kurze Gastrollen beim Kahlwild. An einem Morgen machten wir uns dann bei strömendem Regen auf zu einer ausgedehnten Pirsch durch die weiten Eichenbestände des Revier-Südteiles.

Nach etwa zwei Kilometer kamen wir zu einer lückigen Douglasien-Fichten-Kultur, die an einigen Stellen schon dickungsähnlichen Charakter hatte. Ein auf einer Schieferkuppe stehender Schirm bot einen guten Überblick. Es regnete wie unter einer Dusche, und so beschlug das Glas unentwegt und war kaum zu gebrauchen. Dennoch hatte ich auf ungefähr 180 Gänge eine Bewegung gesehen – es sah so aus, als hätte sich ein Hirsch das Wasser aus der Decke geschüttelt.

Nach angestrengtem Schauen und Wischen war klar, daß dort ein kronenloser Hirsch dösend im strömenden Regen stand und ab und an das überschüssige Wasser aus Decke und Geweih schüttelte. An Schießen war nicht zu denken; es war zu weit, und ich wollte wenigsten den Hirsch einmal in Bewegung und das Geweih von allen Seiten klar sehen können. Allzu oft hatte ich schon bei Nachsuchen erlebt, daß auf unerklärliche Weise den Hirschen vor dem Verenden noch Enden gewachsen waren.

Es verging eine Ewigkeit, und wir hatten längst keinen trockenen Faden mehr am Leib. Da endlich kam Leben auf die Bühne; vor dem Hirsch wurde ein Schmaltier hoch, das dort für uns unsichtbar gesessen hatte, und tänzelte halbspitz auf uns zu. Wenn das Tier und der ihm nachfolgende Hirsch die Richtung beibehielten, mußten sie nach weiteren 30 Gängen einen Weg überqueren. Dort war allerdings auch die letzte Möglichkeit. In dem Steilhang unterhalb dieses Weges gab es wohl keine Chance mehr, eine Kugel loszuwerden.

Ich flüsterte dem Kollegen zu, sich auf einen Schuß auf dem Weg einzurichten, wenn der Hirsch dort auftauchen sollte und von mir kein »Stop« mehr kommen würde.

Der Hirsch zog inzwischen über eine Lücke, und ich konnte ihn leidlich ansprechen, soweit es der immer noch strömende Regen zuließ. Den 4. Kopf mußte er haben, und Kronen hatte er jedenfalls beidseits keine, das war sicher. So flüsterte ich noch schnell »schießen«, da zog das Schmaltier auch schon ohne eine Sekunde

Aufenthalt über den Weg und verschwand im Hang. Da tauchte auch schon der Hirsch auf – ich hatte die Muschel schon am Mund und schrie ihn voll an. Er erstarrte zur Bildsäule und äugte zu uns her, er stand etwa halbspitz auf uns zu. Ich flüsterte noch »hochblatt anhalten, Oberkante Rumpf«, da knallte es auch schon, und wie vom Blitz getroffen brach der Hirsch auf dem Weg zusammen, ohne noch einen Lauf zu rühren.
Wir merkten plötzlich nicht mehr, daß wir pudelnaß waren!
Mit dem Kollegen stand ich wenig später an seinem ersten besseren Hirsch, einem Eissprossenzehner vom 4. Kopf. Die Kugel saß allerdings nicht wie befohlen »hochblatt«, sondern hatte auf dem Träger die Wirbelsäule zerschlagen. Das hätte auch schief gehen können!
Das hier sonst übliche Tottrinken draußen am Hirsch mußten wir in den Saal verlegen. Es war einfach zu naß.

*

Auch Hirsche haben ihre Schicksale!
Ich muß noch einmal auf den »Kronleuchter« zurückkommen, den Hirsch, der in der Brunft 1974 das Rudel an der Saalswiese in den Hochbrunfttagen »betreute«. Es war dies jener Hirsch, der uns damals seine Grandeln vorzeigte und der mit seinem Rudel bereits eingewechselt war, als der Achter erschien, dem der Jagdgast die Kugel auf den Vorderlauf setzte ...
1976 tauchte zur Brunft dieser »Kronleuchter« wieder auf, zwar nicht mehr auf der Saalswiese, sondern in einem ganz anderen Revierteil bei einem starken, zeitweise 13 Köpfe zählenden Rudel. Ich hatte diesen Hirsch bei der ersten Begegnung 1974 auf den 6. bis 7. Kopf geschätzt, 1977 mußte er demnach den 8. bis 9. Kopf aufhaben. Sein ganzer Habitus und sein Benehmen schienen diese Altersansprache zu bestätigen.
Er war Kronenzehner geblieben, nur eben um ein gutes Drittel stärker als anno 1974, ein Hirsch, der schon einiges »daher« machte und der den Blutdruck eines Beobachters schon in die Höhe jagen konnte.
In jenem Jahr sollte der Büroleiter unseres Forstamtes seinen

Pensionierungshirsch erlegen, wenn es klappen wollte, möglichst einen Ia. Jeder hätte diesem beliebten Kollegen gerne einen guten Hirsch als Finale seiner dienstlichen Laufbahn gegönnt.
Ich konnte es nicht vermeiden, daß uns bei einer gemeinsamen Pirsch der »Kronleuchter« samt Rudel begegnete. Er präsentierte sich aufreizend im hellen Sonnenschein, aber es gelang mir den Büroleiter von meiner Altersschätzung zu überzeugen. So ließen wir den Hirsch ziehen – mit einer Träne im Knopfloch zwar, aber in der sicheren Erkenntnis, einem IIa-Hirsch noch eine Galgenfrist gewährt zu haben.
Leider haben wir ja keinen Einfluß darauf, was mit den Hirschen, die bei uns nur kurze Gastrollen geben, in ihren eigenen Einstandsrevieren draußen in den Randzonen des Kondel passiert.
Der Kollege wechselte dann das Revier und erlegte schließlich im Nachbarrevier Springiersbach einen Zwölfer, der leider das Mindestalter auch noch nicht hatte und der auch in seiner Stärke den allgemeinen Vorstellungen eines Pensionshirsches in keiner Weise entsprach.
Ich selbst hatte in jenem Jahr einen IIb-Hirsch frei, ich hatte aber noch nichts Passendes gefunden. Da wurde noch ein Gast des Ministers auf einen IIb-Hirsch bei mir in Alf eingewiesen. Aus verschiedenen Gründen – insbesondere wegen der im Oktober stattfindenden Bundestagswahl – konnte dieser jagende Bundestagsabgeordnete erst zum Ende der Brunft hier eintreffen. Für Montag war sein Kommen avisiert, samstags saß ich gegen Abend an der »Containerfläche«. Den Namen verdankt diese Douglasienkultur ihrer Begründung mit Zapfencontainer-Pflanzen, ein Versuch, der voll gelungen ist.
Es war noch hellstes Büchsenlicht, als aus der tiefer liegenden Douglasiendickung ein stärkeres Rudel Kahlwild auf die Fläche zog, gefolgt von einem hochinteressanten und mir bis dahin völlig unbekannten Hirsch: ungerader Zwölfer mit extrem enger Auslage, gewichtsmäßig etwa an der 4-kg-Marke und so um den 10. Kopf! Ein Abschußhirsch, wie er im Buche steht. Ich gestehe, daß ich sehr versucht war, diesen Hirsch selbst zu erlegen. Aber ich kämpfte den inneren Schweinehund nieder und ließ ihn

in der Hoffnung ziehen, er würde sicher die zwei Tage bis zum Eintreffen des hohen Gastes bei diesem starken Rudel bleiben, und es würde dann schnell und problemlos klappen.
Aber es kam alles ganz anders . . .
Der Gast kam, aber der »Enge« war nicht mehr da. Nach einigen Tagen des Wartens und Suchens erlegte der Jagdgast schließlich einen sehr geringen ungeraden Kronenzehner mit dünnen Stangen. Zwar war der Hirsch nach den Buchstaben des Gesetzes falsch, aber das störte wenig. Unsere damals auf die Endenzahl und Endenanordnung ausgerichteten Abschußrichtlinien ließen ja leider keinen Raum für die hegerisch erwünschte Auswahl nach der Geweihmasse. Der Gast war jedenfalls zufrieden und reiste am darauf folgenden Tag wieder ab.
Nun wollte ich mich noch meinem Hirsch widmen, wenn auch nicht mehr allzuviel Hoffnung bestand. Die Brunft lag in den allerletzten Zügen, und nur noch die Knaben der ersten Jahrgänge suchten noch Anschluß an die Damenwelt. Dennoch versuchte ich es morgens wieder an der Saalswiese, die immer wieder für Überraschungen gut ist.
Auf dem Weg zum Hochsitz stand ich – es war noch völlig dunkel – in einer Wolke von Aasgeruch. Hier mußte irgendwo ein verludertes Stück Wild liegen, und hier wollte ich auch auf dem Rückweg nachsehen.
Es passierte an jenem Morgen wenig, und so begann ich schon frühzeitig mit der Suche nach jenem Luder. Aber erst, nachdem ich mir von zu Hause meine Schweißhündin Gilka geholt hatte, fand ich in einer feuchten Senke in dichten Buchenrauschen den verluderten »Kronleuchter«! Es war deutlich zu erkennen, daß ihm ein Forkelstich die Flanke geöffnet hatte.
Ich nahm das Haupt mit nach Hause und kochte es ab. Beim Herauslösen des Unterkiefers gab es dann die nächste Überraschung: Der Hirsch war mindestens 13 Jahre alt.
Etwa sechs Monate später: Luftlinie 300 bis 400 Meter von der Stelle entfernt, wo ich den »Kronleuchter« fand, lag in einer Suhle ein Hirschlauf. In Spiralen suchte ich den ganzen Bestand ab und fand schließlich den »Engen« bzw. das, was Sauen und Füchse von ihm übrig gelassen hatten. Eine Stange war ihm samt

einem Teil der Schädeldecke aus dem Haupt herausgebrochen.
Ich bin sicher, daß zwischen dem Tod dieser beiden Hirsche ein Zusammenhang besteht. Beide verschwanden etwa zur gleichen Zeit bzw. wurden etwa ab Oktoberbeginn 1977 nicht mehr gesehen. Beide Hirsche waren übrigens annähernd gleich alt!
Hätte ich unseren Büroleiter den »Kronleuchter« schießen lassen, hätte er einen alten, reifen und starken Hirsch an der Wand gehabt. Dies hätte dem wesentlich jüngeren Zwölfer in Springiersbach das Leben verlängert, und der Abgeordnete hätte vielleicht statt seines geringen Hirsches den »Engen« erlegt. Wenn, ja wenn ...

*

Unser armer Büroleiter war ohnehin jagdlich vom Pech geradezu verfolgt. Im Jahr zuvor hatte das Forstamt einen jagdbaren Hirsch frei. Unser Forstamtsleiter hatte diesen Hirsch allgemein freigegeben; wem sich die Chance bieten würde, der sollte sie nutzen können.
Es war in der Hochbrunft, und die Hirsche schrien, wie ich es selbst in den gesegneten Revieren des Hochwaldes kaum je erlebt hatte. An einem Morgen saß ich vor Tau und Tag an der »Containerfläche«; fünf oder sechs Hirsche schrien pausenlos in der weiteren Umgebung, nur auf der Fläche selbst tat sich nichts. Als es hell wurde, ästen in der Kultur einige Muffel, darunter ein braver Widder.
Einen halben Kilometer weiter tobte ein Hirsch, der offensichtlich Wild bei sich hatte, in einem Eichenbestand. Der Wind paßte, und dort stand ein gut und ziemlich störungssicher zu erreichender Schirm. Eine viertel Stunde später war ich dort. In den Eichen ästen zwei Schmaltiere, und ein älterer, kurzstangiger Vierzehnender brachte pausenlos zwei Beihirsche auf Trab, die den Platzhirsch regelrecht mit System ärgerten. Jagte er den einen fort, stand der andere beim Kahlwild.
Ein Sprengruf nach dem anderen, es war ein Brunftmorgen wie im Bilderbuch.
Inzwischen konnte ich auch den Platzhirsch ansprechen. Ein,

wie schon gesagt, etwas kurzstangiger Hirsch vom 8. bis 9. Kopf. Aber der Hirsch schonte stark den linken Hinterlauf, dessen Sprunggelenk erheblich verdickt war. Auch schüttelte er ständig das Haupt, wenn er einmal für Sekunden ruhig dastand. Es stimmte also einiges nicht mit diesem Hirsch, und ich beschloß, es abends dort mit unserem Büroleiter zu versuchen. Aber es kam anders:

Das Kahlwild äste sich zum Rand der nahen Dickung und zog schließlich ein. Die Beihirsche hatten es auch aufgegeben und waren verschwunden. Der Vierzehnender stand alleine auf einer sonnenbeschienenen Stelle im Altholz und döste. Nach einer kleinen Ewigkeit setzte er sich schließlich in Bewegung und zog weg, nicht etwa dem Kahlwild nach, sondern in die entgegengesetzte Richtung. Ich sah noch eine ganze Weile das Geweih in den Eichen schaukeln, dann war er verschwunden.

Ich verstand das ganze nicht. Erst spielte er den Pascha, dann, wenn die Konkurrenz ausgeschaltet war, ließ er die Damen schnöde im Stich. Ich rauchte meine Pfeife zu Ende und beschloß, mit dem Auto vorzufahren und mich noch in einen etwa zwei Kilometer weiter in der Zugrichtung des Hirsches liegenden Schirm anzusetzen.

Kaum hatte ich mir es dort bequem gemacht, da kam der Hirsch auch schon angezogen. Das war nun ein Wink des Schicksals, der Hirsch wollte es ja nicht anders haben. Ich beschloß, ihn zu schießen; denn wo sollte ich mit unserem Bürochef diesen Hirsch am Abend oder in den nächsten Tagen suchen?

Ich ließ ihn ins Fadenkreuz des Zielfernrohres ziehen – er hat den Knall der 8 × 68 S nicht mehr gehört. Das Sprunggelenk des linken Hinterlaufes war – wohl durch einen Autounfall – völlig zertrümmert und bestand aus 14 Knochenteilchen. Da sich schon sehr viel Kallus gebildet hatte, mußte der Unfall schon eine Weile zurückliegen. Sicher aber hätte der Hirsch ein Jahr später infolge dieser Laufverletzung abnorm geschoben. Da sein Geweihaufbau in Ordnung war, bewies dies mir, daß die Verletzung nach dem fertigen Schieben dieses Geweihs erfolgt sein mußte.

Nachmittags trafen sich alle meine Freunde und Kollegen mit

mir am Hirsch, und er wurde gebührend mit dem moselüblichen und -typischen Naß totgetrunken. Gilka, meine damals drei Monate alte Schweißhündin, beschäftigte sich intensiv mit dem Haupt des Hirsches und leckte unentwegt in der Nähe des linken Lichtes. Meinem Onkel fiel dies auf. Er war noch mit Abstand der Nüchternste von uns allen; wegen seiner weiten Heimreise nach Trier am gleichen Tage konnte er nicht so mittrinken, wie er es sonst gerne getan hätte.

So schauten wir alle einmal nach und stellten fest, daß das linke Licht des Hirsches frisch ausgeforkelt war. Daher auch das ständige Schütteln des Hauptes, wie es mir morgens aufgefallen war.

Das Alter war mit etwa acht bis neun Jahren richtig angesprochen, die Verletzungen wurden vom Forstamtsleiter und später auch von der Kommission des Rotwildringes als schwerwiegend genug angesehen, um den Abschuß dieses Hirsches zu rechtfertigen.

*

Ende August 1978. Es war noch dunkel, als ich einen steilen Pirschpfad zu einem Hochsitz auf der Leistungsschneise hinaufkletterte. In einer kleinen Verschnaufpause glaubte ich, das Stangenklappern scherzender Hirsche zu hören. Aber das mußte ja ein Irrtum sein, denn um diese Jahreszeit standen noch niemals Hirsche bei mir im Revier.

Vorsichtig erklomm ich die Leiter – es war kein Irrtum, vor mir standen drei Hirsche, die, wenn sie sich beim Äsen zu nahe kamen, hin und wieder mit den Geweihen ineinander fuhren.

Das Licht wurde von Minute zu Minute besser, und bald konnte ich die Herren ansprechen: ein ungerader Vierzehnender vom vielleicht 5. oder 6. Kopf, ein Achter mit nach vorne offener Gabel, dessen äußere Gabelenden fast doppelt so lang waren wie die inneren, vom sicher 4. Kopf, und ein geringer Achter vom 3. Kopf.

Die Hirsche zogen auf eine dichtere Partie am Rande der Leitungsschneise zu und taten sich dort nieder. Ich verdrückte mich lautlos und rief um 8 Uhr das Forstamt an. Der Chef sollte bitte

versuchen, einen der eingewiesenen, aber noch nicht auf die Reviere verteilten Hirschgäste zu erreichen und – wenn irgendwie möglich – noch am gleichen Tage nach Alf zu beordern.
Es klappte alles bestens. Nachmittags reiste Herr D. an, und schon sehr früh saßen wir wieder auf dem Hochsitz. Aber es tat sich überhaupt nichts. Die Hirsche waren tagsüber weitergezogen, und so wurde aus der hohen Erwartung eine herbe Enttäuschung. Auch der nächste Morgen brachte uns keine Geweihstange in Anblick. Zu allem Überfluß wurde das Wetter schlechter, Sturm setzte ein und ihm folgte Regen nach. Wir wollten noch den Abendansitz abwarten, dann wollte der Gast abreisen und in der Brunft wiederkommen.
Es stürmte abends derart, daß ich mich entschloß, mich mit Herrn D. eine Etage tiefer auf einen anderen Hochsitz an der Stromleitung anzusetzen, der nicht so dem Wind ausgesetzt war wie die an den Tagen zuvor benutzte Kanzel. Wir saßen und erzählten im Flüsterton, was sich so Jäger zu erzählen haben. Plötzlich zuckte mein Nachbar merklich zusammen und zeigte stumm auf einen Holunderbusch unmittelbar vor der Kanzel. Dort war gerade ein Hirsch hochgeworden!
Wir konnten zunächst allerdings nur die Keulen sehen und das Geweih ahnen. Nach einer kleinen Ewigkeit zog der Hirsch ein paar Schritte vor, und ich sah sofort, daß es der ungerade Vierzehnender war, der zwei Tage zuvor mit den beiden Achtern einen Kilometer weiter südlich auf der Leitungsschneise gestanden hatte. Wo dieser Hirsch war, da konnten die beiden Adjutanten nicht weit sein, dachte ich mir. Aber Pustekuchen – den ganzen Abend äste der Hirsch alleine vor uns, von seinen Begleitern weit und breit keine Spur.
Es wurde dunkel, und wir machten uns nach Hause. Herr D. hatte aber schon umdisponiert, vom Heimfahren war keine Rede mehr. Am nächsten Morgen ging es wieder auf diesen Hochsitz. Schon auf dem Pirschpfad hörten wir unter uns in den Fichten starkes Wild ziehen, und ich glaubte auch, das Anstreichen von Stangen deutlich gehört zu haben. Es wurde hell, aber es tat sich auf der Schneise nichts. Am Gegenhang äste ein Rudel Kahlwild, so hatten wir wenigstens etwas zu beobachten.

Es war schon fast 6 Uhr, und eigentlich hätte man schon nach Hause gehen können, da knackten unter uns Äste, und ein Hirsch zog im hellen Sonnenschein auf die Stromleitung. Auch ein Achter, aber nicht der erwartete mit der Quergabel, sondern ein sehr engstehender Hirsch vom sicher 4. Kopf. In den mannshohen Brennesseln war der Wildkörper nur zu ahnen. Meine Meinnung zu den 7-mm-Geschossen habe ich schon dargelegt – und so bat ich den Gast, mit meiner 9,3 × 74 R zu schießen. Im Knall war der Hirsch verschwunden, nicht mal ein Wackeln der Brennesselstauden war mehr zu sehen.
Glücklich und zufrieden stand wenig später ein Jäger an seinem ersten Hirsch, einem braven Achter vom 4. Kopf, der das für sein Alter bemerkenswerte Gewicht von 122 kg ohne Haupt und völlig ausgekühlt auf die Waage brachte.
Im März des darauffolgenden Jahres begleitete mich meine kleine Schweißhündin Cosi bei einem Reviergang in jenem Bereich der Stromleitungsschneise. Ich hatte wenig auf den Hund geachtet und war richtig erschrocken, als er auf einmal hinter mit mit einem Hirschlauf im Fang auftauchte. Ich ging also ein Stück zurück und kroch in die Brombeerwildnis hinein. Minuten später stand ich dann vor den Resten jenes Achters, dem die Ansitze im August 1978 eigentlich gegolten hatten. Sauen und Füchse hatten nur noch Knochen übrig gelassen – in keinem der sorgfältig untersuchten Knochen fand sich allerdings ein verräterisches kreisrundes Loch. So mußte ich annehmen, daß auch dieser Hirsch in der Brunft geforkelt wurde.

*

Es war zu Beginn der Hirschbrunft, als ich abends mit einem befreundeten Schweißhundführer auf einem Hochsitz saß, den wir wegen der herrlichen Aussicht »Bellevue-Kanzel« genannt hatten. Noch bei hellem Sonnenschein zog weit am Gegenhang ein starkes Kahlwildrudel auf die ausgedehnten Douglasienkulturen. Die Brunft hatte noch nicht so recht begonnen, es zeigte sich bei dem vielen Kahlwild noch kein Hirsch. Es wurde schon langsam dunkel, da zog lautlos neben dem Hochsitz ein Überläufer-

keiler auf eine kleine Blöße. Ich machte mein Gewehr gefechtsklar, und als die Sau sich halbwegs breit stellte, ließ ich fliegen. Die 8 × 68 S saß handbreit hinter dem Teller, es wackelte keine Borste mehr.
Ich versorgte die Sau und verwitterte sie etwas mit uralten Hausmitteln gegen Fuchs, Katze und Marder. Am nächsten Morgen wollte ich dann den Abtransport veranlassen.
Recht früh am nächsten Morgen bestieg ich wieder die Kanzel und traute meinen Augen nicht, als neben dem aufgebrochenen Überläufer eine Bache mit schon recht starken Frischlingen seelenruhig nach Engerlingen und Mäusen brach. Die Gesellschaft zog im Halbkreis um mich herum und schob sich keine 60 Gänge vor dem Hochsitz in eine dichtere Douglasiengruppe ein. Noch eine ganze Weile hörte ich die Frischlinge schmatzen und die Bache wohlig grunzen.
Mit den Waldarbeitern holte ich später lautlos den Überläufer ab; jedes laute Wort hatte ich vorher untersagt. Mittags rief ich meinen Onkel in Trier an und lud ihn ein, abends eine Sau zu schießen. Er hielt das für einen üblen Scherz, aber er kam. Schon um 17.30 Uhr saßen wir auf »Bellevue«. Eine halbe Stunde später hörten wir die Bache und auch die Frischlinge hochwerden, und wenig später erlegte mein Onkel eine guten Frischling. Noch im hellen Licht und zu guter Abendbrotzeit waren wir wieder zu Hause.

*

Im Jahre 1981 hatte unser Forstamt einen Widder der Klasse Ib/IIb zum Abschuß frei. Dieser eine Widder wurde allgemein freigegeben, jeder konnte in seinem Revier auf ihn jagen. Ich kannte einen fünfjährigen Widder mit leichter Asymmetrie der Schnekken und für sein Alter zu geringer Schneckenlänge. Ich hatte ihn im Rehbocksommer – vor Beginn der Jagdzeit auf den Muffel – einmal bei gutem Licht lange vor mir und konnte durch das Spektiv gut sehen, daß seine Jahrringe an der Basis bereits sehr eng waren und das Längenwachstum damit weitgehend abgeschlossen war.

Mit dem Beginn der Jagdzeit am 1. August waren denn auch – wie vorauszusehen – die Muffel in den weiten, felsigen und zerklüfteten Laubholzhängen untergetaucht und wurden kaum noch gesehen.

Es war so um die Monatsmitte, es hatte morgens stark geregnet und klarte dann zu einem strahlend schönen Sommertag auf. Da hielt es mich nicht mehr am Schreibtisch, ich holte den Mannlicher aus dem Schrank und fuhr mit Gilka als Begleitung los. Ich wollte einen ausgedehnten Pirschgang durch die Muffeleinstandsgebiete der Südseite meines Reviers machen. Ein Pirschpfad war bereits seit Monaten vorsorglich angelegt worden.

Obwohl der Muffel ja ausgezeichnet äugt, bestand hier doch eine Chance, weil das Gelände eben so stark zerklüftet ist und hinter jeder Felsnase sich ein neuer Ausblick auf eine andere Mulde oder einen anderen Hangteil bietet. Das verregnete Laub erlaubte dazu noch ein nahezu lautloses Pirschen.

Wir mochten so vielleicht 500 Gänge hangaufwärts gepirscht sein, als wir wieder einmal so eine Felsrippe umgehen mußten. Trotz der Hochspannung und der Erwartung, jeden Augenblick mit Wild zusammenzutreffen, erschrak ich dennoch, als plötzlich – keine 40 Schritte vor mir – ein Schaf hochwurde, dem weitere drei folgten. Ich stand wie eine Salzsäule, und auch Gilka verhielt sich absolut ruhig. Sie war überhaupt ein idealer, niemals störender Pirschbegleiter.

Unschlüssig, weil sie die Störung wohl nicht richtig erkannt hatten, zogen die Schafe wenige Schritte hangaufwärts, da wurde auch der gesuchte Widder hinter einer Eiche hoch und zog den Schafen nach. Scheibenbreit blieb er auf gute Schrotschußentfernung stehen.

Ich hatte das variable Zielfernrohr auf recht hohe Vergrößerung stehen, wenn ich mich recht erinnere, stand es auf neunfach. Entsichern und Stechen gingen automatisch, das ganze Zielfernrohr war voll Widder, er war gar nicht vorbeizuschießen.

Es knallte, der Widder flog vorne hoch, verschwand hochflüchtig hinter den Schafen hangaufwärts und war auch gleich hinter einer felsigen Rippe verschwunden.

Nach der obligaten Beruhigungszigarette legte ich Gilka ab und ging zum Anschuß. Helles, ja weißes Haar lag dort und auch ein wenig Schweiß. Das helle Haar konnte nur vom Sattelfleck sein, an dessen vorderem Rand ich abgekommen zu sein glaubte. Der Widder mußte liegen!

Nun freut man sich ja bekanntlich mehr und intensiver, wenn man die Freude mit anderen teilen kann. Für die erwartete kurze Nachsuche war es ohnehin noch viel zu früh, und so fuhr ich erst einmal nach Hause, um mit dem Chef zu telefonieren. Er kam auch kurz nach der Mittagspause nach Alf, und wir fuhren gemeinsam hinaus, um den Widder »aufzuheben«.

Gilka untersuchte bedächtig den mittlerweile vier Stunden alten Anschuß und zog in der beobachteten Fluchtrichtung hangaufwärts. Ich achtete wenig auf den Hund, sondern suchte mit den Augen krampfhaft das Vorgelände ab, wo doch der Widder liegen mußte. Aber er lag nicht. Weder auf den ersten 50 Gängen, noch überhaupt. Den ganzen Nachmittag und den nächsten Vormittag suchte ich mit Gilka auf der Wundfährte, auf der allerdings – außer auf dem Anschuß – nichts, aber auch gar nichts zu finden war.

Der Chef hatte mich unter Hinterlassung einiger tröstlicher Worte alleine gelassen; er hatte ja auch noch anderes zu tun, als mit mir durch Dick und Dünn zu kriechen.

Es war mir alles unerklärlich. Am dritten Tag schließlich suchte ich die Wasserläufe und die Suhlen ab; auch ohne Ergebnis. Ich war schier am Verzweifeln. Da hatte ich nun einige hundert Male anderen Jägern auf krankes Wild helfen können, und hier, bei meinem ersten stärkeren Widder, konnten ich und mein eigener Hund uns selbst nicht helfen. Ich war sicher, daß der Widder irgendwo verludert liegen würde.

Wochen vergingen. Ich ließ die ganze Gegend in Ruhe. Es war zur Zeit der Hirschbrunft. Ich saß morgens in einem Erdschirm und hoffte, einen Hirsch zu Gesicht zu bekommen, den ich bis dahin immer nur gehört hatte. Aber auch an diesem Morgen blieb es bei dem akustischen Genuß. Dafür zogen plötzlich – weit an Gegenhang – einige Schafe über eine Bestandslücke, die der Schneebruch 1981 dort verursacht hatte. Ich hatte gerade das Glas scharf eingestellt, da erschien hinter den Schafen ein Wid-

der und verhoffte in dieser Lücke. Es gab keinen Zweifel – es war der Totgeglaubte! Mir fiel einiges vom Herzen.
Tage später hätte es dann fast geklappt. Ich bezog gerade wieder einen Schirm in einem weiten Eichenbestand, als kaum 50 Gänge vor mir ein Schaf hochwurde, dem weitere folgten. Da wurde auch als letzter der Widder hoch, unverkennbar und mit absoluter Sicherheit »mein« Widder.
Es stand allerdings nur eines der Schafe frei und breit, alle übrigen Stücke waren durch Eichenkronen und Äste aus dem Schneebruch verdeckt. Und ein zweites Mal wollte ich keinen unsicheren Schuß riskieren. So ließ ich sie ziehen in der Gewißheit, daß mir der Widder in den verbleibenden Monaten der Jagdzeit noch einmal begegnen würde.
Es war an einem regnerischen Oktobertag. Der Kahlwildabschuß hatte voll eingesetzt. Ich bezog morgens einen Schirm im Saalstal in der Hoffnung, auf Rotwild dort zu Schuß zu kommen. Kaum hatte ich mich im Schirm häuslich eingerichtet und den ersten Rundumblick getan, da entdeckte ich am Rande des mir gegenüber beginnenden Eichenaltholzes ein einzelnes Schaf, das dort in den Brombeeren äste. Es zog nach einer Weile hangaufwärts in die Eichen, ihm folgten weitere Stücke nach, und schließlich kam auch der Widder. Ich war längst fertig, es mußte allerdings auch schnell gehen, denn die Schafe waren bereits im Altholz eingetaucht. Auf den schräg wegziehenden Widder wurde ich die Kugel los, er brach im Knall zusammen und rutschte talwärts in den Brombeergürtel hinein, aus dem er gerade herausgezogen war. Kurze Zeit wackelten noch ein paar Brombeerranken, dann war es ruhig.
Ich wartete eine ganze Weile, dann ging ich mit Cosi, die mich an diesem Morgen begleitet hatte, zum Widder hin. Es war einer der Höhepunkte meines bisherigen Jägerlebens.
Beim Aufbrechen entdeckte ich dann auch zweifelsfrei meine Kugel vom August: Sie hatte dem Widder eine bleistiftlange und -breite Bahn quer über den Brustkern gezogen. Die Wunde war verschorft, also noch nicht völlig zugeheilt.
Dort ist das Haar beim Widder natürlich auch schneeweiß. Mir hätte auffallen müssen, daß dieses Haar in seiner Struktur jedoch

völlig anders ist als das Haar vom Sattelfleck. Aber damals im August hatte ich offensichtlich Scheuklappen an oder wollte es einfach nicht wahrhaben, weil eben nicht sein kann, was nicht sein darf.

*

In der Brunft 1979 sollte der Chef der Forstdirektion Koblenz, Abteilungsdirektor Harlfinger, in seinem ehemaligen Forstamt Wittlich-Ost seinen Pensionshirsch schießen, wenn möglich und vorhanden, einen Ia.
Im Jahre zuvor hatte auf der Saalswiese ein starker Hirsch gebrunftet, der mir jedoch damals noch nicht alt genug erschien, um ihn von einem Forstamtskollegen, der hier auf seinen ersten Ia-Hirsch pirschte, erlegen zu lassen. Wir hatten damals den gut schreienden Hirsch in einem Eichenaltholz oberhalb der Wiese angepirscht und – als wir das Rudel weit verstreut im Altholz in einer Senke vor uns äsen sahen – hinter einem dicken Baum Dekkung genommen. Auf ein zartes Anfragen mit der Tritonmuschel stand der Hirsch sofort schreiend zu und zog bis auf Schrotschußentfernung heran. Er machte schon damals sehr viel daher, und es war schwer, dem Kollegen den Verzicht auf diesen sicher noch nicht ausgereiften Hirsch nahezulegen.
1979 erschien der Hirsch wieder auf »seinem« Brunftplatz vom Vorjahr; er war bedeutend stärker geworden, hatte wuchtige Stangen und beeindruckende Kronen. Über das Alter konnte ich mir wiederum nicht mit letzter Gewißheit klar werden; er mochte schon die zehn Jahre haben, mehr sicher nicht. Aber es konnte auch genau so gut sein, daß er nur den 9. Kopf hatte. Sicher war jedenfalls, daß im Bereich unserer Verwaltungsjagd damals kein stärkerer Hirsch und auch kein eindeutig älterer Hirsch bekannt war, und so wurde im Kreis der Weisen beschlossen, Herrn Harlfinger diesen Hirsch schießen zu lassen.
Er hatte sein Kommen für den 29. September zum Frühansitz angekündigt. Am Abend zuvor saß ich mit einem jungen Kollegen an der Saalswiese, um den Hirsch sicher bestätigen zu können. Noch bei gutem Büchsenlicht kam das Rudel auf die Wiese

gezogen, gefolgt von »einem Geweih mit einem Hirsch« (nicht umgekehrt). Leise verdrückten wir uns, um ja nicht in letzter Minute zu stören.

Kurz vor Mitternacht fuhr ich dann noch einmal hinaus ins Revier. Der Hirsch war noch auf der Saalswiese und schrie in Abständen. Eigentlich konnte jetzt nichts mehr schiefgehen.

Am frühen Morgen, lange vor Büchsenlicht, traf ich mich mit Herrn Harlfinger am verabredeten Treffpunkt im Revier. Wir ließen die Autos weit zurück und gingen den letzten Kilometer bis zur Saalswiese zu Fuß, um ja nicht durch quietschende Bremsen oder ähnliche autotechnische Geräusche alles zu vermasseln. So kamen wir ohne Störung an die Wiese, auf der wir bald die dunklen Punkte äsenden und ziehenden Wildes mehr ahnen als sehen konnten. Aber es wurde ja von Minute zu Minute heller.

Schließlich sahen wir auch den inmitten des starken Rudels sitzenden Hirsch. Noch bevor ein genaues Ansprechen möglich war, wurde er hoch und trieb ein brunftiges Stück. Er war doppelt so stark wie die Alttiere des Rudels, ein Klotz von Hirsch mit einem gewaltigen Geweih.

Das Kahlwild äste sich schon bedenklich auf die Dickung zu, die ersten Stücke standen bereits am Dickungsrand. Sehr viel Zeit hatten wir nun nicht mehr. Es war nun keine Frage, daß es der von mir bestätigte Hirsch war (und nicht etwa in der Nacht ein Wechsel stattgefunden hatte), und so drängte ich Herrn Harlfinger zum Schuß. Ich bat ihn allerdings, mit meiner 9,3 × 74 R zu schießen; es waren gut und gerne 160 Gänge, und ich traute seiner 7 × 64 doch weniger zu als der dicken Patrone aus meinem Bergstutzen.

Es knallte schließlich. Ich glaube, ich war aufgeregter als der Schütze selbst. Jedenfalls war der Schuß wie eine Erlösung, und meine Spannung legte sich. Der Hirsch hatte im Knall gelegen, noch ein wenig geschlegelt und schließlich sein Testament gemacht. Zur Strecke war sicher der stärkste Hirsch, der in der Nachkriegszeit im Kondelwald erlegt worden war. Die Auspunktung erbrachte 185,99 Bewertungspunkte.

Über das Alter gab es später dann doch noch einen Wermutstropfen. Die Trophäenbewertungskommission stufte den

Hirsch in die Klasse IIa ein, weil sie die Meinung vertrat, der 10. Kopf sei mit Sicherheit auszuschließen. Wir waren zwar anderer Ansicht, aber was nützt das schon gegen das gemeinhin in einem solchen Gremium geballt vertretene Fachwissen.
Auch von diesem Hirsch wissen wir bis heute nicht, wo er sich in den elf Monaten außerhalb der Brunft herumgetrieben hat. Es gab jedenfalls niemand, der unserem aus dem Dienst scheidenden Chef und Inspektionsbeamten diesen starken Hirsch nicht von Herzen gegönnt hätte. Allerdings kann dieser Hirsch nicht mit den Spitzenhirschen anderer Rotwildgebiete konkurrieren. Das Rotwildgebiet Cochem-Kondel gehört zu den kleinsten in der Bundesrepublik, der Staatswald innerhalb des Rotwildgebietes nimmt nur einen kleinen (wenn auch qualitativ bedeutenden) Teil der Fläche ein, während der größere Teil auf stark parzellierte gemeinschaftliche Jagdbezirke entfällt. Unter diesen Umständen ist ein solcher Hirsch schon bemerkenswert!

*

Seit Beginn der achtziger Jahre hat sich im Nordteil meines Reviers ein bemerkenswerter Wandel vollzogen, was die Hirsche betrifft. Es fing mit zwei mittelalten Hirschen an, die nach der Brunft im Revier blieben. Heute sind es ein gutes Dutzend mittelalter und auch älterer Hirsche, die rund ums Jahr im Revier stehen. Welchen Anteil daran eine zentral liegende Winterfütterung hat, weiß ich nicht. Aber immerhin hat diese mit Rüben und Kraftfutter bestückte Fütterung eine magnetische Wirkung auf die Hirsche und auch auf die Muffel, die zuvor an keine Fütterung zu bekommen waren. Merkwürdigerweise nimmt Rehwild diese Fütterung kaum an, vielleicht scheuen die Rehe auch die schon am hellen Tag dort stehenden Muffel bzw. deren Konkurrenz und manchmal auch die Aggressivität insbesondere der jungen Widder.
Im Jahre 1981 fiel mir ein damals mittelalter Hirsch mit langen Stangen und geradezu spiegelbildlich ebenmäßigen 14 Enden auf, der aber noch keinen der bekannten Brunftplätze beherrschte. Er stand dann im Winter 1981/82 treu und brav an der

Fütterung und ließ sich sogar fotografieren. Bei ihm standen ein recht kurzstangiger, aber erheblich älter scheinender Vierzehnender sowie ein geringer Achter, der uns bezüglich seines Alters einige Rätsel aufgab. Da er auch im »Rahmen« ein ausgesprochen kleiner Hirsch war, wurde er kurzerhand »der Sika« getauft.

In den ersten Märztagen 1982 warfen dann beide Hirsche ab. Als sie kahlhäuptig immer noch zur Fütterung kamen, begann ich die Suche nach ihren Abwurfstangen. Ich machte mir einen richtigen Plan und suchte mit System, aber es nutzte nichts. Ich fand nur eine einzige Stange dieser beiden Hirsche aus dem Jahre 1981/82.

Im April 1982 fand dann im Revier Alf und in den angrenzenden Staatswald- und Privatrevieren eine Vorprüfung des Vereins Hirschmann für sechs jüngere Hannoversche Schweißhunde statt. Die Arbeiten auf den kalten gesunden Hochwildfährten waren bereits absolviert, und nun kam das Pflichtfach »Ablegen«, das wir in der Nähe der mittlerweile verwaisten Fütterung prüften. Hierbei bleibt es dem Hundeführer überlassen, ob er seinen Hund frei ablegt oder den sicheren Weg des Anbindens wählt. Natürlich darf auch der angebundene Hund nicht unruhig und bei der Schußabgabe nicht laut werden.

Einer der Hundeführer marschierte nun in Begleitung eines Richters in einen Buchenaltholz und legte dort seine Hündin ab. An einem großen Buchenknüppel wollte er den Hund festbinden und tat dies wohl auch. Der begleitende Richter traute seinen Augen nicht, als er aus dem Hintergrund feststellte, daß der sehr aufgeregte Hundeführer seine Hündin an eine Hirschabwurfstange anbinden wollte, ohne dies zu bemerken. Es war eine Stange des »langen Vierzehnenders«, die der Richter dann mitbrachte. Ich war an ihr sicher schon ein halbes Dutzend mal vorbeigelaufen. Wir haben alle herzlich über diese Prüfungseinlage gelacht.

Der »lange Vierzehnender« wurde dann im Jahre 1982 zum ungeraden Sechzehnender und nahm noch erheblich an Stangenstärke zu. Er lebt noch und wird – wenn er nur alt genug wird – sicher den »Harlfinger-Hirsch« übertreffen.

*

In der hiesigen staatlichen Verwaltungsjagd wird ein Drittel des Kahlwildabschusses von Ziviljägern gegen Zahlung des Jagdbetriebskostenbeitrages getätigt. Gewiß ist dies eine »jagdsoziale« Maßnahme, die insbesondere revierlosen Jägern zugute kommt. Da jedoch die wenigsten dieser Jäger Rotwilderfahrung haben, bedeutet dies allerdings auch, daß sie geführt werden müssen, eine nicht unerhebliche Mehrbelastung für die Revierbeamten. Manche dieser Jäger sehen es als eine absolute Selbstverständlichkeit an, daß sie auf »ihr« Stück Kahlwild ausschließlich an Wochenenden jagen und der Revierbeamte dann auch selbstverständlich zur Verfügung steht. Dies kollidiert bei mir dann nicht selten mit Nachsucheneinsätzen und hat in einzelnen Fällen schon zu Verstimmungen geführt, weil der Gast mutmaßte, man wolle ihn nicht zu Schuß bringen. Aber das sind die Ausnahmen. Mit den meisten Jägern, die hier bei mir gejagt haben, verbindet mich ein freundschaftliches Verhältnis.

Ich bemühe mich immer, in meinem Zuständigkeitsbereich den Anteil der Alttiere an der Gesamtstrecke nicht über ein Drittel der Strecke des weiblichen Wildes ansteigen zu lassen. Dies vor allem deshalb, weil hier der Wildbestand dem Biotop angemessen ist und die lästigen und teuren Schälschäden sich in bescheidenen Grenzen halten. Solange das Rotwild nicht waldbauliche Entscheidungen beeinflußt und betriebliche Maßnahmen mitentscheidet, gibt es keinen vernünftigen Grund, den Rotwildbestand zu reduzieren. Dies nämlich würde mit Sicherheit passieren, wenn man den Alttieranteil an der Strecke deutlich über diese 30 bis 35 Prozent anheben würde. Es ist eine Binsenweisheit, daß man einen Rotwildbestand nur über das Herausschiessen der Alttiere reduzieren kann, nicht etwa über die Reduktion der Hirsche.

Erschreckend ist doch manchmal die Unwissenheit über die biologischen und sozialen Verhaltensweisen des Rotwildes, mitunter sogar in Gremien, die über die Bewirtschaftung unserer Rotwildbestände befinden müssen. Es wird nie gelingen, einen Rotwildbestand wie einen Kuchenteig auf eine gleichmäßige Bestandshöhe zu verteilen. Wenn im Kerngebiet amtlich verordnete zwei Stück je 100 Hektar erreicht sind, ist die Randzone längst rotwildleer. Jede Rotwildpopulation gleicht in der grafischen Darstellung einer flachen Pyramide. Die Wilddichte beträgt in den Kernrevieren immer das Zwei- bis Dreifache der amtlich verordneten Dichte und flacht zum Rand hin ab bis unter ein Stück je 100 Hektar.

Ich habe immer sehr darauf geachtet, daß führende Alttiere (nichtführende gibt es ja auch häufiger in jagdlichen Erzählungen als in der freien Wildbahn) erst erlegt wurden, wenn das dazu gehörige Kalb bereits geschossen war. Ich bin nicht zimperlich, aber es geht mir doch immer wieder unter die Haut, wenn ich hinter einem Kahlwildrudel mit weitem Abstand ein verwaistes Kalb herziehen sehe, das bei jeder Annäherung an das Rudel erbarmunglos von den Alttieren abgeschlagen und weggejagt wird.

Solche Kälber sollte man auch in der Schonzeit schießen. Zweimal habe ich erlebt, daß solche Kälber in milden Wintern trotz bester Äsung eingingen. Sie standen wohl den Streß, ständig weggejagt zu werden, nicht durch. Rotwild braucht zum Wohlbefinden einen fast körpernahen Kontakt. Ist dieser – insbesondere im Jugendstadium – nicht mehr vorhanden, kümmern solche Stücke und gehen nicht selten ein.

Dies sollte jeder Jäger, der leichtfertig den Finger auf ein führendes Alttier krumm macht, bedenken, abgesehen davon, daß er in aller Regel seinen Wildbestand um drei Stücke reduziert: Er erlegt das Alttier, wirft den Embryo mit dem Gescheide in die Hecken und überläßt das verwaiste Kalb einem ungewissen Schicksal.

Alttiere führen bis ins hohe Alter. Im Januar 1983, nach einem extrem milden Winter und einer gewaltigen Eichelvollmast, erlegte ich ein Alttier, das nach der Altersbestimmung nach den Zementzonen, durchgeführt von Dr. Ueckermann, 18 bis 19 Jahre alt war. Der P 1 war schon ausgefallen, alle übrigen Bakkenzähne saßen sehr locker, und die Schneidezähne waren nur noch wackelige Stifte. Es wog nur noch 67 kg, ein für unsere

Verhältnisse extrem niedriges Gewicht, aber es war beschlagen! Ich weiß, daß es oft unmöglich ist, in einem Rudel die Zugehörigkeit eines bestimmten Kalbes zu einem bestimmten Alttier herauszufinden, es sei denn, man hat das Glück, das Kalb saugen zu sehen. Aus solchen Rudeln lasse ich grundsätzlich niemals ein Alttier schießen, auch dann nicht, wenn dem Gast ein solches freigegeben ist. Er muß dann entweder mit einem Schmaltier oder Kalb vorlieb nehmen oder es ganz lassen.
Einige Male ist es mir gelungen, Gäste auf einzeln mit ihrem Kalb ziehende Alttiere zu Schuß zu bringen, nachdem ich zuvor das Kalb selbst erlegt hatte. Das Tier kommt nahezu immer zum erlegten Kalb zurück, wenn man nur Geduld hat und lange genug warten kann. Das kann manchmal eine halbe Stunde oder länger dauern. Kommt das Alttier wirklich einmal nicht mehr zurück, weil der Schütze sich zu früh bemerkbar gemacht hat, so ist jedenfalls nichts passiert. Schlimmer ist es schon, wenn nach der Erlegung des Alttieres das *Kalb* nicht mehr zurückkommt.

*

Das Rehwild nimmt mit jährlich im Schnitt 35 erlegten Stücken an der gesamten Schalenwildstrecke des Revieres Alf den Löwenanteil ein. Auf dieser Höhe hat sich die Strecke seit Jahren stabilisiert; es sind dies gut sechs Stück je 100 Hektar Revierfläche. Ich habe allerdings erhebliche Zweifel, ob damit der Zuwachs bzw. die natürliche Sterblichkeit abgeschöpft wird. Eine Steigerung ist jedoch kaum noch möglich. Ich habe im Januar immer das Gefühl, das vorletzte Stück Rehwild geschossen zu haben, und wundere mich im Februar/März dann, woher das viele Rehwild auf einmal kommt.
Die Böcke sind, wie in allen Hochwildgebieten, nur Durchschnitt. Einige Böcke haben im Laufe der letzten Jahre die 300-Gramm-Grenze erreicht und teilweise auch leicht überschritten, aber mehr ist wohl kaum noch erreichbar, trotz bester Äsungsbedingungen und einer noch relativen Ruhe im Revier. Den stärksten Bock der letzten zehn Jahre erlegte mein Schwiegervater, dem ich meinen Abschuß abgetreten hatte. Dieser sehr eben-

mäßige, fünf- bis sechsjährige Sechserbock kam knapp über 300 Gramm. Aber es ist schon ein »Bilderbuchgehörn«.
Ich selbst schoß einen braven, mindestens siebenjährigen Bock mit langen Enden und auch etwa 300 Gramm, der jedoch extrem eng steht. Dieses Gehörn muß man von der Seite betrachten, da macht es etwas her.
Aber immerhin ist die Qualität der Böcke in den Jahren seit 1975 erheblich gestiegen, in gleichem Maße etwa, wie der Abschuß gesteigert wurde.
Der Abschuß des vielen weiblichen Rehwildes bleibt (leider) zum allergrößten Teil an mir hängen. Ich habe mir daher ein gewisses System erarbeitet – geboren aus leidvollen Erfahrungen in den ersten Jahren in Alf, als ich noch glaubte, den Abschuß nur in schwachen Stücken erfüllen zu können. Ich schieße vier oder fünf Schmalrehe im Sommer, möglichst die trotz allem immer wieder vorkommenden »Knopfbockschwestern«. In der Zeit vom 1. bis etwa 10. September schieße ich alles, was ich nur igendwie bekommen kann, nur auf Zahl, nicht auf Qualität. In dieser Zeit muß ich – einschließlich der Sommer-Schmalrehe – etwa 60 Prozent des weiblichen Abschusses getätigt haben. Das sind so um die 15 Stücke.
Dann kommt die hirschbrunftbedingte Zwangspause, die so etwa bis Ende Oktober dauert. Mit dem Kahlwildabschuß zusammen schieße ich dann die verbleibenden zehn Rehe, oft auch tagsüber bei Reviergängen oder auf dem Weg von oder zu den Waldarbeitern.
Je näher ich der Erfüllung des Abschußplanes komme, umso mehr fange ich an, wählerisch zu werden. So sind die letzten Stücke oft auch die aus hegerischen Gründen richtigsten der gesamten Jahresstrecke. Jetzt kann ich es mir leisten, zu sortieren, nicht aber unter dem Druck, noch 20 oder 25 Stücke erlegen zu *müssen*.

*

Zu Drück- oder Treibjagden auf Schalenwild, ausgenommen gekreiste Sauen im Winter bei Neuschnee, habe ich ein recht gespaltenes Verhältnis. Mehrfach entsprach das Ergebnis in keiner Weise den Erwartungen und auch den generalstabsmäßigen Vorbereitungen.

Ich halte es für leicht schizophren, wenn man sich das ganze Jahr über müht, den Kahlwildabschuß nach hegerischen Grundsätzen durchzuführen, und dann bei einer solchen Jagd alle guten Vorsätze einfach über den Haufen wirft und schießen läßt, was vorkommt. Selbst wenn die Erlegung führender Tiere untersagt wird – was soll der Jäger denn machen, wenn ihm ein einzelnes Alttier kommt, dessen Kalb in der Dickung von den Hunden abgesprengt wurde?

Leise Drückjagden im klassischen Stil funktionieren hier infolge des stark kupierten Geländes meist nicht so, wie wir es uns wünschen. Das Wild marschiert um die wenigen Treiber herum und denkt gar nicht daran, die Dickung zu verlassen. Nur selten und bei sehr kleinen Dickungen hat ein solches leises Drücken geklappt.

Ansitzjagden sind sicher wirkungsvoller und entsprechen auch mehr der heutigen Einstellung. Sei haben nur den Nachteil, daß sie weit mehr witterungsabhängig sind als Drückjagden. Bei schlechtem, vor allem windigem Wetter zieht das Wild eben nicht, und es ist ja auch niemand da, der es aus den Einständen hinauswirft.

Alle Jagdarten, bei denen Treiber und Hunde mitwirken, stören für viele Tage die Einstände, verunsichern das Wild und bringen mehr Nach- als Vorteile, zumal wenn dann auch noch wenig oder nichts geschossen wurde. Ein weiterer Gesichtspunkt gegen die große Gesellschaftsjagden ist das häufige Anschweißen, weil das Wild eben in mehr oder weniger schneller Gangart beschossen wird. Bei Ansitzjagden oder bei der Einzeljagd wird weitaus besser geschossen, das liegt in der Natur der Sache.

Alle diese Gründe haben uns bewogen, Treib- und Drückjagden nur noch dann durchzuführen, wenn sie »von oben« gewünscht werden. Zur Erfüllung des Abschusses waren sie in keinem Jahr nötig; den haben wir auf der Einzeljagd und durch die zahlenden Gäste immer erfüllen können – dank der relativen Ruhe und Ungestörtheit des Reviers.

Eine ganz andere Meinung habe ich zu winterlichen Saujagden, wenn durch Neuschnee ein verläßliches Kreisen möglich ist. Ist es nicht immer wieder ein herrliches Bild, wenn die Rotte oder eine einzelne Sau durch den Schnee pflügt? In den großen geschlossenen Waldgebieten, in denen die lieben Sauen ohnehin keinen Schaden anrichten können, werden sie in aller Regel ja auch recht schonend bejagt. Hin und wieder wird einmal eine sorgfältig angesprochene Sau auf dem Ansitz erlegt, aber es sind doch – bezogen auf die gesamte Waldfläche – recht wenige. Warum also sollte man nicht hin und wieder einmal bei Schnee auf Sauen jagen können – ich habe es nie verstanden, daß manche Schwarzwildhegegemeinschaften dies untersagt haben.
Die große Masse der Sauen wird alljährlich bei oft mehr als schlechtem Licht an Kirrungen erlegt. Es ist wirklich märchenhaft, mit welchen Tricks hier manchmal gearbeitet wird. Ich habe es schon erlebt, daß um einen Hochsitz herum ein halber Hektar mit Sägemehl bestreut war – damit sich die armen Sauen für den Jägersmann besser abheben. Ein anderer phantasiebegabter Jäger fütterte zunächst in der Dickung mit Mais (»Rachengold«). Über der Maisschüttung hatte er etliche alte Eimer in die Fichten gehängt, in denen Knüppel lose befestigt waren, die bis knapp über den Erdboden reichten. Waren die Sauen am Mais, so stießen sie natürlich an diese Knüppel, die wiederum oben an die Eimer anstießen. So wurden die Sauen mit Glockengeläute angekündigt, der Jäger konnte sich in Ruhe fertigmachen, denn – so erzählte er mir – spätestens zehn Minuten später sind dann die Sauen vor dem Hochsitz auf der Schneise, auf der natürlich auch noch Mais liegt.
Ist es da ein Wunder, daß es keine alten Keiler mehr gibt?
Die allerorten gegründeten Schwarzwildhegegemeinschaften haben sicher dazu beigetragen, daß sich die Einstellung zum Schwarzwild gebessert hat. Ich wünschte mir, daß die Stellung dieser Hegegemeinschaften durch Gesetz oder Rechtsverordnung den Rotwildringen und den Rehwildhegeringen gleichgestellt würde. Nur dann könnten die ewigen Außenseiter diszipliniert werden, die allzu oft glauben, ihre dicke Brieftasche berechtige sie zu allen jagdlichen Schweinereien.